ネドじゅん
ジュリアン・シャムルワ

ワンネスへの招待状

感謝と「いまここ」でワンネスの扉を開く

ナチュラルスピリット

意識的に感謝をしていくと
世界は変わっていきます。

——ネドじゅん

お互いの著書へのリスペクトから
今回の企画が生まれました

2024年10月に都内で行われた
「ネドじゅん＆ジュリアン◎ワンネス対談！」のオープニング

ワンネス体験は
喜びそのものの体験です。

——ジュリアン・シャムルワ

撮影・小松勇二

本書は、２０２４年10月に都内の会場で行われた対談イベント「ネドじゅん×ジュリアン◎ワンネス対談」の記録を中心に構成されています。第Ⅰ部ではおふたりそれぞれのお話、第Ⅱ部では対談とワーク（本書の読者の皆さんのためにひとりでできるワークも掲載）、そして第Ⅲ部では、会場での質疑応答と、参加者の皆さんより事前に募った質問への回答を掲載しています。

はじめに――「幕の裏」の世界のおはなし

ネドじゅん

わたしが初めてワンネスの一瞥（いちべつ）体験を得たのは、外回りの営業職に就いていたときでした。

会社から渡された住宅地図を手に、見知らぬお宅をたずねては、ピンポーンとドアチャイムを鳴らして、精いっぱいの笑顔で挨拶をしていたのです。

次のお宅をたずねるべく、地図を手にモタモタと住宅街を歩いていたときでした。

突然、体が宙に引き上げられるように、視界が斜め四十五度ぐらいに上がっていきます。

映画の撮影カメラがクレーンで上がっていくように、俯瞰（ふかん）で引いた映像になっていくのです。

そして真っ暗になった視野があり、そこは演劇の舞台の稽古場でした。

すぐ横に舞台の幕があり、幕の裏手の稽古場で、舞台監督の指示を聞いているのです。幕の向こうには、お客さんたちが待っているようでした。つまり、お客さんたちの待つ、そちらは現実世界で、真っ暗な稽古場は、現実世界の裏側、時間が止まった別次元のようだったのです。

「いいか！　いまから、こいつが、あいつの家をたずねていくシーンだ！」

舞台監督の声が響きます。周囲には、自分と同じ人間の意識たちがいるようで、皆、親しく微笑みながら監督の声に集中して、聞いています。

「こいつは、仕事で営業に行くって理由で、あいつとは初対面っていう設定なんだとさ！」

周囲にいた全員が爆笑します。皆、おかしくて仕方がないというふうに、声を上げています。つまり、わたしと営業先の初対面の方は、舞台仲間なのです。とても仲の良い、長年の仲間を、初対面と設定することのおもしろさに、皆が爆笑しているのです。

「さあ、やるぞ！」

舞台監督が、手をたたきます。

パァン！

手をたたいたその音が、地球ぜんたいに響くのを、わたしは目の前で、映像で見ました。

目視、直径二メートルぐらいのサイズの、地球が見えたんです。

パァン、という音がそこに響くと、地球がパッと消えて、真っ暗な空間になり、また地球がパッと現れました。

ああ、さっきの設定が入れ込まれて、新しい地球が現れたんだなと、理解しました。こうやって、地球は、次々と設定を書き込まれて新しく入れ替えられているんだ。なるほどなぁ。

……と、真っ暗な稽古場は消え、わたしはよろめきながら、すぐ左にあった石垣に手をつきました。冷たい石のゴツゴツした触感を、覚えています。

世界の音が再び耳に聞こえてきて――わたしは住宅街の路地で立ち止まっている営業さんとして、舞台に戻ってきたのです。

この話のオチは、見えない舞台裏では親しい仲間だったはずの営業先のお宅で、サックリ営業を断られてトボトボと帰路についたということです。

――ちょっと、ちょっと、ねえ！

ワンネスの一瞥体験をさせるぐらいなら、営業達成させてよ!!

地球を書き換えることまでして、断られるの!?

うわぁん！

こんなふうに、一瞥体験までお笑いになってしまうわたしですが、あれから九年ほど経ったいま、ワンネスは体の周囲を取り囲むように身近になっています。ちょうど、お客さんのいる舞台と、幕の裏の稽古場の両方を見るような位置に生きている感覚です。

今回、この同じ地球の上、フランスの地でワンネスを数多く体験されたジュリアンさんと、この不思議な「幕の裏」の世界について、ご紹介できることを嬉しく思います。

目次

はじめに――「幕の裏」の世界のおはなし　ネドじゅん　2

第Ⅰ部　それぞれのワンネス　12

ワンネス体験と人間としての体験はどちらも大切な学びです　ジュリアン・シャムルワ

● いろんな人の「おかげで」日本語が話せるようになりました　13
● わたしたちはみんな「つながっている」ひとつの存在　16
● 自分の中にはふたつの声がある　18

● くり返し起こるワンネス体験　20
●「わたし」という概念がとけ、残ったのは宇宙＝愛そのもの　21
● 時間はある!? ない!?……両方とも正しいと選択する　22
● ワンネスは本当の自分から見た宇宙　23
● ワンネスへの扉はさまざま　25

ワンネスの着ぐるみを着ているような感じです

ネドじゅん

● マグロになりたかったイワシのオカン　27
●「あなたらしくありなさい」　29
● 左脳から右脳への突然のお引っ越し　30
● 細胞たちは喜びの歌を歌っている　32
● わたしひとり分の空白を空けてくれている　34
●「この世界をおもしろがりなさい」と言ってくれている　37
●「いまここ」に感謝するとワンネス感覚は濃くなっていく　39

第Ⅱ部　ネドじゅん×ジュリアン◎ワンネス対談
ワンネスを語り尽くす

44

●喜びそのもののワンネス体験　44
●ワンネス体験は「味わう」ことが鍵となる　47
●わたしたちは愛でできている　49
●宇宙人は何かをさせたがっている？　52
●言葉にできない、けれど伝えるべき　58
●守護霊はサポートしてくれている　60
●わたしたちの本質は楽しみであり、遊びである　63
●失敗もおもしろい　67
●「自信」は「信」だけあればいい　70
●新しいことをしてほしがっている　71

●主語を省略する日本語の素晴らしさ　75
●「いまここ」を味わう大切さ　80
●美しさを味わう習慣をつくる　85
●思考は間違っているのにわかったふりをする　89
●「大勢の中のわたし」のほうがワンネスに開かれる　92
●感謝はワンネスへのスイッチ　96
◇ネドじゅんの感謝のスイッチを入れる「ありがとう」のワーク（解説編）　101
◇ネドじゅんの感謝のスイッチを入れる「ありがとう」のワーク（セルフワーク編）　110
◇ジュリアンの新しい喜びを生む感謝のワーク　114

第Ⅲ部　ワンネスQ&A　118
おわりに――心を羅針盤にして　ジュリアン・シャムルワ　164

第Ⅰ部

それぞれのワンネス

ネドじゅん　脳と意識を探求するオカン、ネドじゅんと申します。どうぞよろしくお願いします。今日は、皆さんのお顔が見えるように、客席が階段状になっている会場はないですかとお願いしましたら、こんな素晴らしい会場を借りていただきまして、こうして皆さんのお顔が見える状態でお話しできるのがとても楽しみです。どうぞよろしくお願いいたします。

ジュリアン　皆さま、こんにちは。ジュリアン・シャムルワと申します。三日前に、フランスから日本にやってきました。皆さんと共に本日のイベントでいろいろお話ができることを、とても楽しみにしています。わくわくして、胸がいっぱい、喜びでいっぱいです。今日はどうぞよろしくお願いいたします。

司会　ネドじゅんさん、ジュリアンさん、ありがとうございます。では早速、ジュリアンさんからお話ししていただきます。

ワンネス体験と人間としての体験はどちらも大切な学びです
——ジュリアン・シャムルワ

はじめに少し、ワンネスとは、また、ワンネス体験というのはどういう体験であるか、そして、なぜこのフランス人は日本語で話しているかということについてお話しさせていただきたいと思いますが、よろしいですか。ありがとうございます。

いろんな人の「おかげで」日本語が話せるようになりました

わたしはブルゴーニュ地方の生まれです。ブルゴーニュは赤ワインで有名な地方ですけれども、それだけでなく、カタツムリ、ブフ・ブルギニョン（牛肉の赤ワイン煮）など、いろんなおいしいもので知られている地方で、スイスのすぐお隣です。

わたしはそこで生まれて育ち、フランスの教育を受けたフランス人です。けれども、子どもの頃、たぶんテレビを見過ぎたのかもしれないんですが、日本のアニメが大好きだったんです。それで、日本は本当に憧れで、ちょっとだけでも日本語を勉強してみたいなという気持ちが湧いてきたんです。

その頃、日本語ができるフランス人は見たことも、聞いたこともなかったので、とりあえず勉強しても、たぶん話せないだろうなというダメ元で、日本語の勉強を始めました。それが十四歳のときです。ひらがな、カタカナから始めて、次は漢字。漢字もあるんだと初めて知って、本当に難しくてダメだなと思ったのですが、それでも遊びとして続けました。わくわくできたらいいんじゃないと思いながら、少しずつ、一歩ずつやってきたんです。

そのうち、ブルゴーニュ地方に料理を勉強しに来ていた日本からの留学生と出会いました。そのときに初めて、「こんにちは。初めまして」と、勇気を出して言ってみました。「通じた！　よかった。その後はどうすればいいんだろう……自分の名前か」……というような感じで、すごく簡単な会話から始めました。少しだけでもやってみればいいんじゃないというような気持ちでやってきたのです。

あの頃は日本語を教える学校は一カ所もなかったんです。もしかすると大学に入ったらオプションとして取ることができるかなという話は聞いたのですが、いま日本語を勉強する場はないということで。それなら、自分で教科書を買って勉強し始めようかなと思って始めたんです。

これは独学といいますけれども、独学の「独」、つまり「ひとり」で何かを学ぶということですね。けれども、わたしにとってはそうではなかったのです。

わたしはブルゴーニュ地方で出会った、それぞれ料理だったり、フランス語であったりを勉強しに来た皆さんのおかげで、日本語を勉強できたと思っています。

この「おかげで」という言葉、実は、わたしにとっては、日本語の中で一番好きな言葉なのです。

わたしたちはみんな「つながっている」ひとつの存在

なぜ「おかげで」という言葉が好きかといいますと、わたしたちはひとりひとり、個別に存在しているような生き方をしていますが、実はそうではありません。

「わたしたちはみんなつながっている、ひとつの存在である」

このことに、初めてワンネスの体験をしたときに気がつきました。そのときまでは知らなかったんです。

このワンネス体験は、パリに住んでいたときに、道を歩いていて、突然、起こったことでした。ただ、そこまでたどり着くには、まずその前に、大切な出会いがあったのです。

それは、まだブルゴーニュ地方の小さな村に住んでいたときに見たUFOです。一回だけでなく、二回見ました。

正直なところを言えば、見たいとは思っていませんでした。怖いから見なくてもいいんじゃない、と思っていたんです。アメリカではUFO目撃といったような話は十分ありましたし、それで、存在しているということはわかっているんだから、自分が見る必要はないかなと思っていました。

初めてUFOを見た後に、不思議なコミュニケーションが始まりました。最初は、何だろう、気のせいだろうなと思っていたんです。でも、だんだん時間が経つにつれて、気のせいにはできないぐらい、すごくパワフルなコミュニケーションになっていったんです。

これはどうすればいいんだろうと、ティーンエージャーの自分は悩み始めました。親にそういう話をしたら、きっとお医者さんとかに相談するんじゃないかなと思うし、じゃあ、いったいどうしたらいいだろうと。

そこで、同級生の友だちに、ちょっとそういう話をしたところ、その同級生のほうは興味津々で「わたしも見たい」って言うんです。

「見たいの？　どうして？」

「だって、見たら、それはわたしたち人間のような生物は、地球だけにいるんじゃないということでしょう。この宇宙はもっともっと生き生きしてるっていう証（あかし）になるんじゃない？　いろんな可能性があるという証になるんじゃない？」

そう言って、彼女はわくわくしていたんです。そんな彼女を初めて見たときに、わたしは、「そんなふうにわくわくできるんだ。知らなかった」と思いました。

二回目にＵＦＯを見たときには、彼女と一緒でした。彼女はずっと「見たい、見たい」と言っていて、ある日、夢で「これから見るようになるよ」っていうお知らせが届いたと。それに対してわたしは、「それはただの夢じゃない？」と伝えました。

結果的に、ただの夢ではなかったんです。このＵＦＯを見たときには、わたしたちふたりだけではなく、彼女の妹さんと隣に住んでいたおばあさんも同じものを見たんです。四人も同じ現象を見たというわけで、どうにも否定はできなかったのですね。

●自分の中にはふたつの声がある

そのＵＦＯを見たという体験からひとつ、わたしが身に付けた大きなレッスンがあります。それは、**自分の中にはふたつの声がある**ということです。**頭の中の声と、もうちょっと深いレベルの声**があるのです。

そのふたつの声が伝えようとしていることは、ほとんど正反対なことです。ですから、両方の声を聞くと、矛盾が生じてしまう。どうしよう、どっちにすがったほうがいいんだろうと、ちょっと疑問に思い始めたんです。

頭の声のほうにはすっかりと慣れていたので、こっちのほうは正しいだろう、けれども、深いレベルの声のほうが、何となくすべてがわかっているような気がして、そっちのほうがよっぽどおもしろいような気がするなと思っていました。

じゃあ、どちらかひとつの声を選択するか、それとも両方を選択するかと迷っていた時期に、初めてワンネスという体験をしました。

その体験をしたときに、まずは、体験したことを言葉という形にするのはあまりにも難しくて、フランス語でさえ表現できない。どういうふうにそれを説明すればいいのかわからなくて、ちょっととまどっていたんです。

●くり返し起こるワンネス体験

その体験は、なぜかわかりませんが何回もくり返し起こったのです。一日に二、三回。四回起きたこともありました。

なぜなんだろう。病気じゃないかと思うぐらいに、狂ってきたんじゃないかと思うぐらいに体験させられたのです。

けれどもその体験のおかげで、わたしたちが見ている世界はこれだけではないということが、確認できました。

そしてこの体験を通して、わたしはわかったのです。それは、**この頭の中の声は何にもわかっていない**ということです。それに、やっと気がつきました。この思考には何にもわからない、頭の声はほとんどの場合間違っている、ということがわかりました。

これで意外とすっきりしました。じゃあ、これからどうするんだろう、わからない。じゃあ、これからわからない生活をスタートしようと。

ワンネスという言葉自体は、フランス語でひとつの単語があるんです。ユニシテ（Unicité）といいますが、この言葉はいまでも通じません。フランス人に「ユニシテ、わかりますか？」と言ったら、「わかりません、説明してください」と言われます。説明しますが、具体的にどういうものですかって、聞かれて、結局、「？？……」というふうになってしまいます。

「わたし」という概念がとけ、残ったのは宇宙＝愛そのもの

「ワンネス」というのはひとつになるということなんですけれども、わたしはそれを体験したときに、「わたし」という概念がとけてしまったんです。残ったのは宇宙だけ。

宇宙ってどういうものであるかといいますと、愛そのもの。

あのときに体験したその愛は、ここまでパワフルな愛は一度も体験したことがなかったというようなものです。無条件の愛とはどういうものであるか、そのときに初めて知ったのです。

この愛であれば、何でも可能。この愛だからこそ、わたしたちはいまここ、この人間という体験をしているのだということを体感しました。

●時間はある⁉ ない⁉……両方とも正しいと選択する

もうひとつお話ししたいのは、ワンネスという体験の特徴のひとつなんですが、それは時間のことです。

わたしの思考は時間が大好きなのです。時間ぴったり、一分、一〇分、一時間、いつ、何時に何をすればいいかというのを、この思考はいろいろ考えてくれるんですよ。時間のおかげですべてコントロールできると、この思考は思っています。

これも間違っているといまはわかりますけれども、ただ、この思考はこういうふうな働き方をしているので、それでもいいんじゃないかと思っています。

ワンネスを体験しているときには、過去のこと、将来のことは存在しない。ただ残っているのはいまこの瞬間だけ。その体験の中では、**たったひとつの瞬間にすべてが含まれて**

いたんです。すべてが同時に起こっていたんです。

ですから、ワンネスを体験した後に言葉を使って説明しようとするのは、なかなか難しいことでした。なぜかといいますと、まずはこれが起こり、その後はこれ、結果としてはこうなって……というふうに、時間経過に沿った流れになっていなかったからです。

それなら、過去、現在、未来という時間の考え方は間違っているのかと思い始めました。けれども、今回もどちらが正しいかというよりも、両方とも正しいと選択して、これからワンネスの視点を持って、いまここ、この体験、人間という体験を、ワンネスの視点と一緒に歩んでいこうと決めました。それは、たぶん、ワンネス体験からの一番大切な学びではないかと、いま、思います。

●ワンネスは本当の自分から見た宇宙

わたしたちが、いまここ、人間の体を体験しているというのは、本当の自分、魂にとっては最も大切な体験だと思います。ワンネス体験によって、そのような感覚を得ました。

ワンネス体験のステージ

段階	感覚	解釈	視覚／ビジョン	脳／体の反応	時間の感覚
5	意識が向くままに、宇宙のどこへでも移動可能				
4	「わたし」という概念が「無」になる、すべては愛である	宇宙との一体感	光で光っている宇宙（望遠鏡で見る宇宙とは違う）	見る／聞く／感じること、五感がひとつになる	すべては同時に起こっている、永遠なる「いま」 ◎
3	深い共感／自分と他人の切れ目が漠然となる。他人とのつながりで深いエンパシーを体験／パワフルな愛	体を超える存在として宇宙を垣間見る段階	通常の感覚に重なって、周りの人々のそばにいる霊的存在が見えてくる	心で音が聞こえる。胸の辺りがとても熱くなる	
2	深い感動（普通の感動から非常な喜び〈歓喜〉と非常な悲しみ〈悲哀〉）	生きるとはどんなに素晴らしいかを体感	通常	周りの人の思いが聞こえてくる	流れが曲がり始める 
1	不思議な気持ち、心が動くような感覚	胸のチャクラの辺りにエネルギーが動いている	通常	通常の感情より感動に近い深い感覚	直線的な流れ →

わたしが書いた『ワンネスの扉』の中では、ワンネス体験はどういうふうな体験であるかというのを、図表でできるだけ段階に分けて説明をしようとしました（24ページの図表参照）。いまは、その図表よりも自分の言葉を使いますと、ワンネス体験というものを**胸のほうで花が咲き始めるような体験**としてわたしは見たんです。

そういう体験は、もしかすると思考から離れた視点で、本当の自分から見た宇宙ではないかと思います。そういったような瞬間は、長く続くかどうかということにかかわらず、ただ、**違う観点を与えてくれる**ということで、いろんな学びができる体験だなと思います。

●ワンネスへの扉はさまざま

一度だけでもそういったような体験をすると、もう以前と同じ自分ではいられなくなるんですね。

わたしはＵＦＯという扉からそこまでたどり着いたんですけれども、ただ、その扉だけではないということもわかってきました。

いままでワンネスの話は、日本だけでなく、アメリカやフランスでもさせていただく機会がありまして、いろいろな人の話を聞いてみると、意外と違う扉からワンネスまでたどり着いた人がたくさんいました。

ですから、皆さんそれぞれで、それぞれの扉からワンネスの次元に入ることができると確信しています。

今日は、皆さんの体験を含めて、ネドじゅんさんとワンネスについてお話ししながら、素敵な時間を共にできることを楽しみにしております。どうぞよろしくお願いいたします。

司会　ジュリアンさん、ありがとうございます。では、次にネドさんにお話しいただきたいと思います。

ワンネスの着ぐるみを着ているような感じです

――ネドじゅん

いまからわたしが二〇分ぐらいで自分の体験を語るということで、今日、めっちゃ考えたんです。二〇分って、結構あっという間なんで、どうやってわたしの経験を初めましての皆さまにもわかっていただくかって考えたあげく、今日はこれからたとえ話をさせていただきます。ここから二〇分間、たとえ話です。だから、皆さん、怒って突っ込んだりせず、そのまま聞いてください。できればポップコーンなどをバリバリ食べながら気楽な感じで聞いてください。

マグロになりたかったイワシのオカン

では、まず、たとえ話で皆さまに告白します。わたしはイワシです。あの海の中で泳いでいるイワシであります。おばあちゃんがちいちゃいお鍋で梅干しと一緒に煮てくれたら、ものすごくおいしいあれです。あのイワシであります。

わたしはイワシです。魚に生まれたからにはマグロになりたかったんですね。やっぱり夢じゃないですか。グラム単価も高いし、中トロとかめっちゃおいしいし、いつか絶対マグロになりたかったんです。

マグロになるためにはどれだけ頑張ったらいいだろうって考えたんですけれども、自分、イワシじゃないですか。どう考えても、副業を二、三個成功したぐらいでは、マグロにはなれないなと思ったんですね。普通の努力じゃ無理だろうと。

ここはやっぱり裏技を使って、スピリチュアルだ！と。何かスピリチュアルですごい体験をしたり、すごい発見をしたりしたら、結構いけるんじゃないかと思ったんですね。若い頃からスピリチュアルが好きだったんで、イワシの若い頃からね、好きだったんで、スピリチュアルの勉強を始めました。わからなくなったら、とりあえず占いのカードを引いて、自分の進むべき道を追求していこうと思ったんですね。

●「あなたらしくありなさい」

まず、マグロになるためにどんな努力をしたらいいだろうと。本を読んでみよう。いろんな本を読みました。

それから、臨死体験の本もすごくいろんな情報が入っていそうです。アニータ・ムアジャーニさんの『喜びから人生を生きる！』。

ジュリアンさんの『ワンネスの扉』。

おや、「ナチュラルスピリット」って書いてある。どちらの本も「ナチュラルスピリット」って書いてあるんです。なんだかわからない楕円形のマークが入っています。

ほかの本も読んでみました。『バーソロミュー』、『セスは語る』、どの本にも「ナチュラルスピリット」って書いてあるんですね。恐ろしいですよね。呪いかと思いました。

カードに聞いてみます。これは呪いでしょうかって。呪い度八〇パーセント。だいぶ高い。

これは呪いなのかなと思いながらもいろんな本を読んで、自分がもっと理想の自分になれるように学んでいったんですね。

でも、どんなに学んでも、その本の中には「あなたらしくありなさい」とか書いてあるんですよ。でも、イワシなんです。なりたいのはマグロなんです。かなうならクジラにもなりたかった。大きいじゃないですか、やっぱ大きいって素晴らしいと思うし。クジラは海の中で歌を歌うそうなんで、自分の歌が七つの海を越えて、何キロも彼方まで届くなんて素晴らしいと思ったんですね。わたしはイワシだけどクジラにもなりたかった。

でも、もしかしてあんまり歌うのが上手じゃないから、クジラになっても海の中で歌ったら、ボーゲーとか言って、『ドラえもん』に出てくるジャイアンぐらいの歌しか歌えなかったらどうしようと思って、またカードを引いてみます。ジャイアン度、高かったです。六〇パーセントぐらいありました。

これはあかん、もっといろんなことを勉強して、歌も勉強し、それから、自分を変えるということをもっと積極的に勉強して……、わたしは何とかしてマグロになりたかった。

●左脳から右脳への突然のお引っ越し

それでも全然、何にもなれずに、やっぱりイワシのまんま、いろんな敵に追い掛けられながら、びくびく、海の中を泳いでいたんです。ところが、そんなある日、わたしに特別な出来事がひとつだけ起きたんです。

それまでどうも左脳のほうで活動していたわたしという意識が、ある朝、突然に右脳を中心に、そう自分は思っているんですけど、右脳を中心に意識が働くように、引っ越しをしたんですね。

左脳って可能性のことばかり考えるんです。こんなふうになれるだろう、なれないかもしれない、でも、なれるだろう。なれるだろうと思っておきたい。そんな感じの脳なんですね。だから、マグロになりたい、クジラになりたいって言ってたのは全部こっち（左脳）だったんですが、ある朝、右脳に意識が移動したがために、わたしの意識はマグロもクジラも忘れてしまったんですよ。その思考は落ちていった。

でも、別にイワシがいいとも思わなかったんですけれども、わたしの意識は、いまこの瞬間だけにぎゅうっと集中するようになったんです。その朝から突然にです。

そして、頭の中の声がなくなりまして、いままで、やっぱりマグロがいいとか、クジラがいいとか言っていた頭の中の声ですね。この口を開いてベラベラしゃべるのはいまでもしゃべれるんですが、黙ったときの頭の中の声が、ぷつっと切れて完全に出なくなったんです。マグロになりたいとか、クジラになりたいっていう声が消えましたもので、わたしの意識は、いまこの瞬間にぐうっと入り込んで、そして、イワシの体と深く結び付き始めたんです。

細胞たちは喜びの歌を歌っている

そうしたら、ずっと自分が探していた幸せの声が聞こえてきたんです。イワシの体の細胞たちが歌っていたんです。

わたしはこんな小さなイワシですけれども、その**体の中の細胞たちは、いまこの瞬間を生きている喜びを歌い上げていた**んです。意識であるわたしがいまここにいることによって、その歌がどんどんつながって、その喜びの声が自分に届くんですね。自分という意識が初めて、幸せだ、何にもならなくても幸せだ、このままでいいんだと、本当に本に書いてあった「あなたのままでいいんですよ」というところにたどり着いたんです。

そして、イワシの体とわたしという意識はどんどん、そこから年月を経て、より深いシンクロに入っていきました。あれから、(イワシの寿命ってよく知らないんですけど)八年半ぐらい経ったでしょうか。わたしという意識はどんどん神経にシンクロを始めたみたいなんです。

神経って線じゃないですか。何、言うてんのかわからないですけど。この線を体験という名で電気信号が流れるんですね。いま、ビリビリビリビリと流れているわけです。脳の中も電気信号が流れています。

あの電気信号って、いまこの瞬間しかないんですね。その、いま、この瞬間の電気信号とわたしという意識が完全にシンクロし始めて。そして、年月が経つにつれて、より深く、よりいまこの瞬間に深く入り始めたんです。

いま、わたしは、黙った瞬間、完全にいまこの瞬間だけで、過去も未来も存在しないわたしとして、ここに、皆さんの前にこうやって立っているんですけれども、わたしは自分のイワシの体と完全なシンクロをより深めていったんですね。いまもまだ深めていっている途中だと思っていますが、八年前と比べてめちゃくちゃ深く入っていけるようになりました。

わたしひとり分の空白を空けてくれている

そうすると、どこがイワシのたとえ話かだんだんわからんようになってきましたけど、このイワシの体の中の、いまこの瞬間の体験過程っていうのがあるんですね。まさに、いまこの瞬間、体験している全部です。その全部の中をさらに深く降りていきますと、どうもわたしじゃない何か、わたしとは思えない誰かみたいな感覚のところまで深く入っていくようになりました。

そうして気づいたんです。それは海なんです。海とわたしという意識が重なるところまで、わたしの意識は体の中の神経の世界の中へ入っていったんですね。そこまで深く入っていくと、海があったんです。

イワシのわたしがぴゅーんと泳ぎますね。すごいスピードなんですよ。ぴゅっとターンしたりしますよね。ぴゅっとターンした瞬間、海はついてきてくれるんです、わたしの周りに。そして、わたしの周りの海が、素晴らしいと微笑みながら、全身全霊の愛で、イワシであるわたしを抱きしめてくれているんだということが感じられるようになってきたんです。この周りにです。

海は、わたしというこの一匹のイワシ分の空白を空けてくれているんです、常に。このわたしという一匹のイワシ分の空白を海が常に引いて、一匹分を空けてくれている。そして、ワンネス、ひとつ、または大いなる何かの遊び心みたいなものが、その一匹分の空白の中に表現されるんです。一匹のイワシ分の空白の中に、大いなる巨大なでっかい何かひとつであるものの遊び心が、その瞬間にぽっぽっぽっぽっぽって表現されているんです。遊び心なんです。

それがわたしだったんです。わたしってわたしじゃなくて、そのめちゃくちゃ大きなひとつである何かが遊んでいる、そして、その空間を海が空けてくれていて、そのわたしというものが大きなものから表現されているのを楽しんで、喜んで、抱き締めながら一緒に泳いでくれているんです。わかりますでしょうか。

いまこの空間もそうなんです。いまこの空間もその海なんです。皆さんの体の分だけ空白を空けてくれているんです、この場が。そして、その場にひとつである大きな何かが、おひとりずつ違う表現で、遊び心で、こんな生き物、こんな生命、こんな喜び、こんな悲しみ、こんな孤独、こんな経験をフラッシュしているんです、いまこの瞬間。それが皆さん、それがわたし。

だから、何となくこの体の中にいますと、一応、人間の体で話をしますが、こうやってわたしというのが、朝、起きて、顔洗って、着替えて、車に乗せてもらって、ここまで来たような体験をしているように思いますが、もうひとつ、完全に重なってワンネスが、何か大きな意識が遊んでいるんです。

その遊びの上にわたしという意識を仮に乗っけている。そして、わたしが生きているというようなことを一生懸命やっているふうで、その上に乗っかっているんです。けれども、それもまた海というひとつのつながり合うものに、常に喜ばれ、抱き締められ、泳いでいるときも、すごいよって言われながら、ずっとついてきてもらっている感じです。

わたしという泳ぎについてきてくれている。わたしがターンすると、ぴたっとそれについてきてくれて、「本当に素晴らしい」「あなたは最高に素晴らしい」って言いながら、海が空間を維持してくれている。そして、そこに、自由自在にワンネスがわたしというものをここに表現して遊んでいるわけです。これです、これ。

こんなおもしろい体験を、いまさせてもらっているんです。わたし自身、この八年半ぐらい、体の神経の中へ深く入っていってまして、実際に、いま、海のような、または表現を守ってくれている意識と言えばいいんでしょうか、そのような何かが自分をふわあっと取り巻いているのを感じているんです。いまこの瞬間もそうです。

スマホを見ているときなんかも、目と画面の間にもうひとつ目があるような感じがします。そこで見ている映像は、わたしにはわからないんですが、わたしと完全に同時に、この世界を楽しんでいる。いまもそうです。いまもこうやってマイクを持っている手を取り囲んで、なんておもしろい体験をしているんだと感じてくれている存在がここにあるんです。

●「この世界をおもしろがりなさい」と言ってくれている

ワンネス体験、一瞥体験といいますと、本当にその一瞬。わたしも昔、体験はいたしましたが、特別な感じの、人生を変えてしまうような体験というのは確かにあるんですが、いま、わたしがこうしてやってきた中では、それは永続的な感覚にできるというふうに感じております。

イワシ型のわたしも人間型のわたしも、いまこの空間を借りています。この体の分だけの空間を空けてくれていて、その空間にわたしではない、根源的な大きなひとつの何かが遊びでわたしをこうやって表現しています。

そう思うと、わたしの周りの空間が、いま、「そうだ」という感じでおもしろがっているのを感じるんですが、皆さん、どうですか？　皆さんの周りにもそれがあって、素晴らしいと言って皆さんを抱き締めているんですけれども、いま、何となくそんな感じがいたしませんか？

これ、何をしていてもそうなんです。笑っていても泣いていても、驚いていても落ち込んでいても、それを素晴らしいと言って、その場をキープしながら一緒に楽しんでくれている空気みたいなもの。いまここにみちみちに、それぞれの皆さんの周りにわたしは感じるんです。

この世界をおもしろがりなさいという感じ。**人生を笑いなさい、楽しみなさい**と。そして、あなたというものそのまま、マグロになろうとしたりクジラになろうとしたりせずに、いまの形そのまんまが最高のアンテナなんです。

そのアンテナの中、神経の中に深く入っていって、この凡庸とした体の感覚の中で意識がなじんでいきますと、ワンネスは外に出てきます。自分の体の周りで、ありありと世界を一緒に体験してくれるんです。

これ、わたし、ワンネスの着ぐるみって呼んでいるんですけど、いまのところ起きてる間中ずっと、ほわあっとした着ぐるみをこういう感じで着ながら、一緒にずっと動いてきてくれている。そして、何をしていても拍手をし、微笑んで抱き締めてくれている。

ほんま何がしはりたいのか、わたしにもよくはわからないのですけれども、体の神経の感じているいまこの瞬間の体感っていうんですかね、体験過程っていうんですかね、この奥深くにそれがあるんです。

「いまここ」に感謝するとワンネス感覚は濃くなっていく

だから、悲しみとか苦しみとか、そういう感情的なものではなくて、そのさらに奥深くっていうのか、さらにこの瞬間って言えばいいんでしょうか。この瞬間、瞬間のいま、いま、いま。神道では中今(なかいま)っていうそうですね。この体の中のいまこの瞬間。

それは、結局のところは神経の電気信号なんですね、入り口が。その神経が感じている、なんてことのないこの肉体感覚。見えているもの、聞こえている声、空気の感じ、いまこの瞬間、感じていますよね。お尻の下に椅子がある、足の下で地面が支えてくれている、これらに**感謝をすればするほどワンネス感覚は濃くなっていきます。**

わたし、面倒くさがり屋なんで、ふだんからあんまりそんな感謝とかってやっていないんですけれども、八年もやっていると自動的にぼわあっと体の周りを取り囲んでくれています。だからといって常に、ワンネス、これってどういうことなん？ワンネス、あれってどういうことなん？アトランティスってあったん？ムー大陸ってあったん？などとは聞く気にならないのです。おもしろいんですけど、ワンネスの感覚とピタっとこの瞬間に合っていますので、疑問っていう感覚も出てこないんですね。

ただ一緒にいる、ただふわあっと愛されて、ふわあっと抱き締められて、いまこの瞬間、ここにいること、ここでできることを精いっぱいやろうとしていることが、たとえようのない喜びなんであります。

ですから、わたしが今日、しょうもないイワシのたとえ話でお話をしたかったことは、形じゃないんです。それから、環境でもないんです。うれしいとか悲しいとかでもない、運がいいとか悪いとかでもない、ただここにある体のこの形そのまま、皆さんの形そのままが完璧であって、それがあなたという意識の内なる入り口であって、いま、体が感じているこの瞬間の体験過程の中にいることです。これが始まりであります。

それは、いればいるほど深まっていき、おもしろい体験がどんどん体の内側で感じられていくと思います。そして、小さなイワシは大きな魚に追い掛けられたりして、びくびく生きていましたが、いまではその小さなイワシの体の中は、海ぜんたいよりも大きな、この世界を生み出しているかのような大きな果てしのない何かとつながっていますので、大きな魚から逃げるときも笑っているような感じです。海と一緒に笑っている。

そして、海はそういうことも何となく知らせてくれるので、全然、怖がったりせず、この瞬間をうーんと楽しんでいるイワシなんです。しかし、まあ、梅干しで煮るとおいしいですよね。食べ物から離れろっていう話なんですけど。

そんな感じで、わたしはこの瞬間もワンネスのかけらのようなものと共に生きています。そして、これから多くの方がこういった体験を深めていかれて……。本当に、誰でもできるとわたしは思っていますので、今日はそのもう少し具体的なやり方、日常の中でできるやり方も、後半にお話ししたいと思っています。

とても変なたとえで、変なお話で、突然、訪れてくるワンネスというようなお話ではありませんが、わたし自身が現在進行形で感じているワンネスの話としてお話しさせていただきました。

こうやって皆さんの顔を見ながら話せて本当にうれしいです。あっという間の時間でありますけれども、いま、わたしがお話しさせていただきますのは以上です。ありがとうございます。

司会　ネドさん、楽しいたとえ話をありがとうございます。次は、おふたりでの対談パートになります。

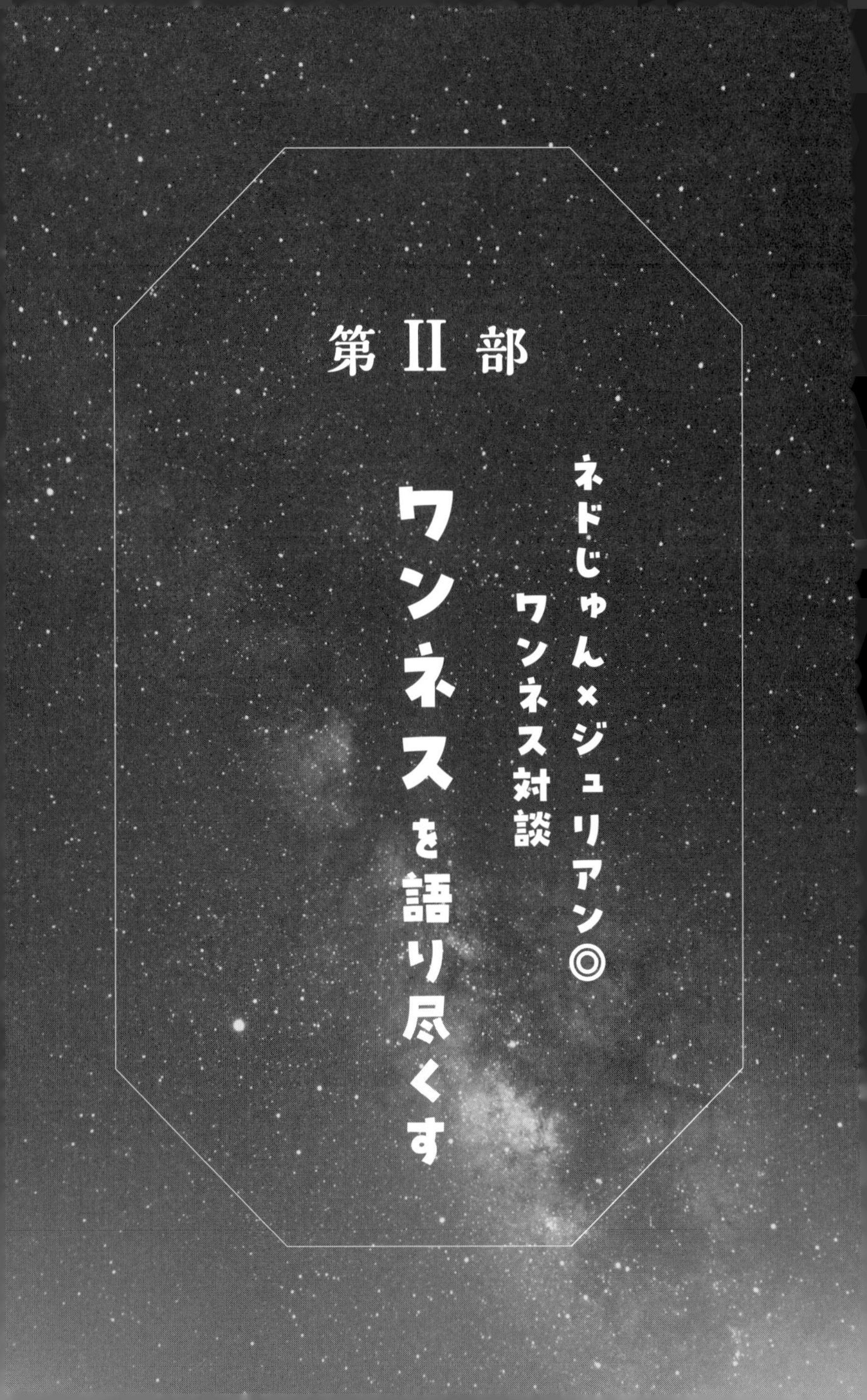

第Ⅱ部

ネドじゅん×ジュリアン◎
ワンネス対談

ワンネスを語り尽くす

●喜びそのもののワンネス体験

ネドじゅん　ジュリアンさんのご本『ワンネスの扉』はずいぶん前に買わせていただいて、ずっと読ませていただいていて、家にある本はだいぶぼろになってきました。

ジュリアン　ありがとうございます。

ネドじゅん　こうやってご本人さまとお話しできる日が来るなんて夢のようです。

ジュリアン　こちらこそネドじゅんさんとワンネスについて対談ができるなんて、夢みたいです。

ネドじゅん　ありがとうございます。

ジュリアン　ありがとうございます。

ネドじゅん　しかも通訳なし。

ジュリアン　通訳なしで。

ネドじゅん　これ、わたしがフランス語ペラペラだったらめちゃくちゃかっこいいんですけど、まるでダメなんですすみません。このまま日本語で、できるだけジュリアンさんのおっしゃりたいことを、わたしのほうで何か日本語を付け加えたり考えたりしてお話ししていけたらと思います。

ジュリアンさんの、これチョー聞きたいんですが、一番印象に残っておられるワンネス体験ってどんな感じでしたか。

ジュリアン　喜びそのもの。

ネドじゅん　おお、喜びそのもの。

ジュリアン　どれだけ喜びが大切であるかということを、ワンネスを通して初めて知ったと思います。

ネドじゅん　それは家の外におられたときですか？

ジュリアン　そのときは家の中でした。

ネドじゅん　家の中？

ジュリアン　家の中でした。生きることに対しての喜び。本当の自分としていまここ、このような体で生きているということは、なんて素晴らしいことだろうというような、わけのわからない喜び。涙ぼろぼろ。それが一番印象的なんです。

ワンネス体験は「味わう」ことが鍵となる

ネドじゅん　それは突然に始まるんですか？

ジュリアン　それは突然に始まったときもあるし、そして、意図的にそれを起こしたときもありました。

ネドじゅん　すべては喜びだというその体験のときは、お部屋の中で何かされていたんですか？

ジュリアン　音楽を聴いていたんですね。

ネドじゅん　へえ、ちょっと予想外です。音楽を聴いておられた？

ジュリアン　そうなんですね。音楽っていうのはものすごく力があるものだと思います。波動そのものですね。わたしたちの心は、波動に乗って旅ができると思いますが、音楽はその力を持っていると思います。

ネドじゅん　では、お部屋の中で音楽を聴いておられたら、先ほどは「胸のところで花が咲くような」とおっしゃっていましたが、そういった体験に急に気がついて、そして、そこに入り込んでいくという感じですか?

ジュリアン　いい質問ですね。実は、その体験に気づいて、そこで思考が「これは!」と思った瞬間におしまいになってしまうんですね。「これはすてきなメモリーになるのではないか」とか、「それは何々だ」と判断するということが始まるとおしまいになってしまうんです。なので、**ひたすらこれを味わうこと**。いまここ、この感覚、それだけ。それを満喫する。味わうことがキーとなるんですね。

これはワンネスの扉です。その扉は胸の辺りの喜び。その喜びを味わうことによって、より深いワンネスの状態に入ることができるんです。

わたしたちは愛でできている

ネドじゅん　わたし自身がワンネス体験というのをしたのは外を歩いているときでした。営業の仕事をしていましたので、仕事中に普通の街なかの住宅街を歩いていました。そのときに突然、それは始まったんですね。自分がまるで縦に伸びたかのようになって。映画のエンディングが始まるときに、カメラがぐうっと上に上がって、視野が高くなっていくというのがありますよね。あんな感じで急に、本当に自分を斜め上から見下ろすかのようにすうっと視野が上に上がって。おそらくほんの一瞬の白昼夢のような体験だったと思うんですが、ぐいーんと上に上がった、と思ったら、それこそこういうふうな舞台のようなところに自分がいて、ほかにたくさん影のような存在がいて、それは街の中に住んでいる人々だという感じだったんです。

そして、みんなでひとつのお芝居をしようとしているところで、監督のような人がいて、これこれこういうふうなお芝居をこれからするよと言って、パーンと手をたたかれたんですね。そのパーンとたたいた瞬間に、その台本の情報が地球に入って、地球が消えて、地球がもう一回、生まれて、その物語が始まる、地球がスタートしたっていうような感じでした。

本当にぱっと消えて、ぱっと地球が出たっていう感じ。そして、そのときに、いまからやりますよって言った設定が、いま、地球の中に組み込まれたんだなっていうふうにわかって……。よろよろっと、また同じ住宅街の通りで知らぬお宅の石垣に手を付いて、「仕事のときはやめて」って言いながら呆然（ぼうぜん）としていたことを覚えているんです。

あれは本当に突然のときは突然ですね。

ジュリアン　そうなんですね。そのような体験は、わたしもスーパーマーケットで買い物をしていたときにあったんです。

ネドじゅん　嫌ですね（笑）。

ジュリアン　嫌ですよね。涙ぼろぼろで。公の場ではやめてほしいですね、と思っても仕方がないですが。

ネドじゅん　どうしたのか聞かれても、絶対、答えられませんしね。

ジュリアン　そうですね。「あなた、どうしたの？」って聞かれても、それは宇宙のこと……とか説明できませんしね。

ネドじゅん　いっそ親が死にましたとか、ごまかしてしまいたいような。涙ぼろぼろ出てね。だから、どんな感じですかって聞かれたら、道を歩いていて、突然、地震が来たときみたいな感じでしょうか。地震が来た瞬間って、は⁉ってなって、一瞬、止まるじゃないですか。すべてが止まるじゃないですか。あんな感じですね。は⁉ってなって、終わったみたいな、たぶんそのくらいの時間だとは思うんですけれども、体感としては地震が起きて、一瞬、止まって、ぐらぐらっと来て終わったっていう、あのときの体の感じにすごく似ていたと思います。その間に**愛と感謝と感激**でぼろぼろになるわけですね。

ジュリアン　ぼろぼろ。特に愛のことでですね。そのぐらい、**愛でわたしたちはできているっ**ていうことですね。毎回、体験をしているときに、この胸は耐えられないぐらいの愛で支えられているのを感じるんです。こういったようなことは、人間の社会の中ではなかなか体験できないですよね。

この愛と共に何をすればいいかっていうのは、わたしたちはまだまだこれからだと思いますけれども、もっと表現できたらいいんだよなと思いますね。

宇宙人は何かをさせたがっている？

ネドじゅん　あの瞬間を表現するっていうのも、なかなか難しいように思いますね。

ジュリアンさんのように複数回、それも日に何回もワンネス体験をされるというようなケースは、わたし、いろいろ調べてみたんですけれども、ほかにはなかったです。相当、めずらしいと思うんですけれども、その特別性みたいなものに何か理由とか思いつかれることはありますか？

ジュリアン　何でしょうね。いまでもちょっと疑問に思っているんですけれど、もしかすると宇宙の存在たちによって体験させられたんじゃないかなと思ったりしています。自分の思考は結構頑固で固いんです。だから、一回だけだと、たぶん足りないと思われたのかもしれません。何回も体験させて、「やっとわかったかい」というのが必要だったのかもしれません。

ネドじゅん　ジュリアンさんのような体験をされている方もいらっしゃるのかもしれないですが、本当にそういうケースがインターネット上で書かれている方の中にもなかったんです。もちろんすべての言語で調べたわけではないので、はっきりとはわからないのですが、なかなかそういったケースは見つからない。よほど、その宇宙人が何かをさせたいのか……。

ジュリアン　させたいんだと思いますね。ありがたいと思いますが、当時は「それはやめてほしいんですけど」って何度も思ったんです。

ネドじゅん　ちなみに、宇宙人はいまでも来ますか。

ジュリアン　ときには来ますね。

ネドじゅん　来るんだ……。今日は？

ジュリアン　今日は、いまのところ来てないような気がするんですけど、もしかすると……。

ネドじゅん　今日じゃないのかな。

ジュリアン　今日の夜かもしれないですよ。

ネドじゅん　どんなタイプの宇宙人に見えますか？

ジュリアン　どんなタイプの宇宙人ですかね。ティーンエージャーのときに来た宇宙人はいろんなタイプだったんですけど、最近は担当者ができたのかどうかはわかりませんが、いつも同じで、イルカの肌の色と同じ存在がいるんです。ブルーでつやつやの肌を持っている宇宙の人です。

ネドじゅん　ブルーでつやつやの肌を持っている宇宙の人が、たまに来る？

ジュリアン　そうです。来るのは、いつも彼です。

ネドじゅん　いまはどんなメッセージのようなものを、携えてこられるんでしょう？

ジュリアン　メッセージというよりも、やっぱり昔のように、体験という形ですね。いろいろ体験させられているんですよ。

ネドじゅん　スパルタですね。

ジュリアン　そうですね。過去の体験とちょっと似ていると思いますけれども。

ネドじゅん　よっぽど何か体験させたいんですね。

ジュリアン　そうです。何の説明もしてくれないまま。質問しても答えてくれないんです。何だろうと思いますよね。わたしもそう思ってるんです。わざわざここまで来て、そういう体験をさせるなんて、少しだけでも説明してくれないかと思うんですが、少しもしてくれないです。

ネドじゅん　みんなで、ジュリアンさんの部屋でひと晩、過ごしましょうか。どんな宇宙人が来てるのか。会ってみたいですよね。

ジュリアン　宇宙人と会う体験をされている方は、フランスにもたくさんいるというわけではないんですけれども、実は、二、三人ぐらいの方には会ったことがあるんです。

ネドじゅん　フランスって宇宙人度、高いんですか？

ジュリアン　どうですかね。国籍には関係あるかどうかわかりませんが、もしかすると文化のほうが関係しているんじゃないかなと思いますね。

ネドじゅん　いま、もしかするといろんな方に、ワンネス体験以外でも何がしかの体験をさせたり、それから、感覚を開くとか、何かの調整みたいなものが入っている時期なのかもしれないなとは思うんですけれども、(会場の参加者に)何かそういう体験がある方っておられますか？　話せとは申しません。結構いろいろ来るわという方、手を挙げてみていただけますか。おひとり、おふたり。

ジュリアン　三人、四人、五人。

ネドじゅん　後ろも。

ジュリアン　六人。

ネドじゅん　結構いらっしゃいますね。

ジュリアン　七人、八人。

ネドじゅん　そういう時期なんですかね。

ジュリアン　そうですね。そのタイミングだと思います。

●言葉にできない、けれど伝えるべき

ジュリアン　こういう体験をされた場合、いま、手を挙げて下さった皆さんも、今度、そのことを友だちと話したい、と思うんじゃないでしょうか。でも、簡単には話せないですよね。

ネドじゅん　まず、説明ができないんですよね。

ジュリアン　そうなんですよね。

ネドじゅん　愛に取り囲まれた、すべては愛だった、というようなことをいくら言っても、

それは全然、それを表してる感じがしない。全然、それを正しく表現できた感じがしない。それは、相手が飲んだことのない飲み物の味を一生懸命、説明しようとしているようなもので、どんなに言葉を重ねても正しく言えた感じがしない。

ジュリアン　しないでしょうね。ワンネスもそうですね。最初は「言葉にするのはもったいない」と思いました。

ネドじゅん　でも、それだけの体験をされてきたので、それはやっぱり多くの人に知ってもらいたいというお気持ちはありますよね。

ジュリアン　「伝えるべき」だと思っています。実は、わたしがこの体験をしたのは、自分のためではないと最初からわかっていたのです。

ネドじゅん　最初から？

ジュリアン　最初にワンネスを体験したときに理解したのは、「自分」または「わたし」っていうのとは関係ないものだということです。ですから、**その波動、周波数をいろんな場所で分かち合うということが目的**なんです。言うのは簡単なんですけどね。

●守護霊はサポートしてくれている

ネドじゅん　『ワンネスの扉』を読ませていただいて、前半は宇宙人の気配との付き合いといいますか、経験が語られて、そして、あるときからそれが愛で、涙で膝が崩れるような体験に展開していく。そして、それだけではなく、ワンネスに入られるときに、すべての人たちの周りに……。

ジュリアン　守護霊？

ネドじゅん　スピリット？

ジュリアン　ネドじゅんさんにも意見をお聞きしたいと思いますけれども、守護霊は存在しているかどうかということについては、わたしはもともと存在しないだろうなと勝手に思っていたんですよ。それに、はっきり言わせてもらえば、あんまり興味はなかったんです。けれども、そのワンネスの体験を通して、守護霊がいるんだと初めて知って、わたしたちのためにいろいろやってくれていることも見たんです、何度も。

ネドじゅん　それははっきりと、その体験の中では見えるんですか？

ジュリアン　見えるのです。彼らのやっていること、彼らからのサポート、見えました、はっきりと。

ネドじゅん　ひとりひとりに、それぞれひとりずつ付いているような感じで？

ジュリアン　はい、そう見えました。

ネドじゅん　となると、ワンネス体験っていうことだけでは括（くく）れないぐらいですよね。

ジュリアン　そうなんですね。

ネドじゅん　霊視みたいな感じもしますし、愛や宇宙や、いろんな要素もありますが、実際にそれぞれの人にひとりずつ、スピリットというか、ガイドというか、そういったものが付いているのが見える体験でもありますし。

わたし自身もワンネス体験の中では、もやもやとした人々の姿がそこにあるけれども、これはお芝居なんだっていうことは、設定としてそのときの自分の意識の中に入っていたような感じなんですね。これはお芝居だよ、と誰かが教えてくれるわけではなく、お芝居だということを了解してその場に自分もいた、わたしもこの中のひとりだっていうような感じですね。

ちょうど夢の中に似ているなと思うんです。寝ているときに見る夢の中では、自分はどこだかわからないところにいるんだけれど、でも「わたしはここで働いているんだ」とか確信めいたものがあって、夢のストーリー設定みたいなものは頭の中に入っていたりするじゃないですか。それと同じ感じで。

わたしたちの本質は楽しみであり、遊びである

ジュリアン　お芝居という言葉、なかなかいい言葉ですね。わたしたち人間の社会はお芝居みたいなもので、バックステージのほうが現実なんですね。バックステージでは、大いなる存在、ひとつの存在が、わたしたちひとりひとりの役割を通して自分、つまり大いなる存在をより理解できるように遊んでいるんですよね。そういうふうな理解はしています。

ネドじゅん　遊びなんですよね。

ジュリアン　そうなんです。そういうことがわかりました。

ネドじゅん　全然、シリアスな感じのない、眉間にしわ寄せた感じのない、本当に楽しんで遊んでるって感じなんです。

ジュリアン　楽しんでもいいんですよって。

ネドじゅん　みんな、あんな感じだったら、ものすごくいろんなことが簡単にいくような気がするんですけれども。

ジュリアン　そんな気がしますよね。でも、よく聞かれるのは、喜びだけで本当に生きていけるのかってこと。電話代とか水道代は払えるのか、喜びだけで。わくわくで、もう仕事はできなくなるんじゃないかという声もありますね。

実はできます。わくわくをもとにした生き方は可能です。ぜひ、皆さんもやってみてください。

ネドじゅん　たぶん、同じことを同じように体験するにしても、ライトに遊びの感覚でやるっていうほうが、もしかするとうまくいくのかなって思います。というのは、本質がそうだから。**わたしたちの本質は毎瞬の楽しみであり、遊びであり、新しいことをやってみるというような感じ**ですよね。

ジュリアン　そうなんですね。どうすればいいかという心配はもう要らない。やってみて、先へ進んで、わからないことはたくさん出てくるけれど、それもひとつの楽しみ。学びあふれるものなんですね。ですから、ありがたいと思います。

ネドじゅん　（ワンネスを）見ると、それはものすごく自分の中にすっと入るというか、それに対しては異論が出てこないんですね。確かに地球は難しくない、遊びの感覚で、この瞬間この瞬間つくられていて、皆さんの人生もいろんなことが起こるように見えて、実は、本質は遊び感覚でそれを生み出している。その中でちょっと翻弄（ほんろう）される役みたいな感じで、そこに自分というものが上から宿っているような感じです。

　どんなに眉間にしわ寄せてそれを体験しても、本質は遊びっていうところに目を向けますと、遊び感覚のほうがよりしっくり体験の中に入れるような感じを、自分は受けました。ワンネス体験を通して、自分はそう思うようになったんですね。普通で思うよりも何段階もライトです。おもしろがっているっていう感じです。**宇宙がおもしろがって人間役をやっている**という感じでした。

ジュリアン　そうですね。人間役をやっている宇宙そのものなんです、実は。

ネドじゅん　ここに、『ワンネスの扉』の帯にあります。

『僕たちは「人間」の体験をしている宇宙なのだ！』

まさにこれ！　本当にこれとしか言いようがない感じなんです。

ジュリアン　だと思います。「わたしたちはみんなつながっている」というのは、実は**もともとひとつの存在である**ということなんです、宇宙である。いま、遊んでいる宇宙。みんなそれぞれ違う遊び方で人間の役割をしているっていうことです。そういうふうな体験をしました。

日常生活に戻ると、じゃあ、この体験と日常をどう結び付ければいいんだろう、どうすればいいんだろうなどと思考が考え始めるんですけれども、そこまで考えなくてもいいんです。それよりも、まずは「いまここを味わってますか」とリマインドすることですね。

ネドじゅん　本当に。わたしは、ふだんはどっちかというとそっちの「いまここを味わいましょう」「いろんなことを（仮）で考えてみましょう」、それから「もっと違うものを求めていまここを否定するような在り方ではなく、いまここにどっしりといましょう」「いまここの体の感覚を楽しみましょう」というようなことを常々は発信させていただいているんです。けれども、まさか、八年経ってワンネスという感覚の中へ自分がもう一回、戻ってくるというか、それが自分の内側からつながっていけるというふうには想像もしなかったんですが、この一、二年ぐらいでその感覚にどんどん入っていっているんです。

失敗もおもしろい

ジュリアン　どうですか。その感覚の中にいると、喜びあふれる生き方も自然にできるようになりますか？

ネドじゅん　遊び感覚に近づいていくというのはわかるんです。だって、失敗しようが何しようが喜んでくれている、手をたたいてくれている、抱き締めてくれているという感覚がそこにありますので、全然、自分を否定する感じがないんです。

わたし、ついこないだ美容院に予約を入れていたんですけど、このおばさんパーマね。間違えて前の日に行ったんです。「こんにちは。すいません、遅くなって」って言って、汗かいて飛び込んだら、みんなが、は？という顔で。「明日じゃないですか」って言われて、「帰ります」って言って家に帰ったんです。家に帰るなり主人に「日にち間違えた」って言って大笑いして、それで終わり。それが自分の中では全然平気で、いまこうやって笑って言えるんです。しまったとか、恥ずかしいとかゼロなんですね。おもしろくて仕方がない。いいネタができたみたいな感じなんです。そういうすべて、自分がこれからやることも、失敗することも、うまくいかないこともおもしろくて仕方がないんです。

ジュリアン　「うまくいかなかった、ありがたい」、そういう心の持ち方をわたしもしているんです。なぜかといいますと、そっちのほうが、学びがあふれているんですよ。「うまくできた」だと、それで終わり。けれど、「失敗した」だと、なんでなんだろうといろいろ原因を探して、こういうことだったんだとわかる。それでいろんな気づきが出てくるので、失敗のほうがいいかもしれないなと思い始めたんです。もちろん失敗したいとは思っていませんが。

ネドじゅん　おもしろがっていれば、経験の中でその失敗もいい感じで積み上がっていくっていうんでしょうか。ちなみに、いまここに在る感覚はどんどん深まります。、最近、だいぶわかってきたんですが、本当に、いまここに自分が深くいますと、自分ってないんです。自分っていうイメージに触ろうと思ったら、ちょっとずれないといかんのです。本当にいまこの瞬間にぴたあっと自分の体の中の感覚にいますと、わたしっていうキャラクターは、全然手に触れないんです。ちょっとだけ横にずれて、記憶とかをサポートでちょっと挟むと、わたしっていう感覚は膜みたいな感じで出てくるんです。記憶とともに膜みたいな感じで出てくるんですが、本当にいまここにいるときはわたしってどこにもないんです。こうやっていて、椅子に座ってしゃべっていながらもわたしという感覚ってないんです。だから、全然、失敗もないし、もっとこうしたほうがよかったっていうのもないし。

ジュリアン　解放された感じですね。

●「自信」は「信」だけあればいい

ジュリアン　それで、自信がないっていうこともなくなるんじゃないですか。

ネドじゅん　そうですね。下手打つことはいっぱいありますし、失敗もいっぱいするんですけど、それがまさしく道だったたっていうふうに瞬時に認識が変わっていきますので。たぶん、こんな在り方、おもしろがりながらワンネスの感覚の中にいるこの在り方を、いろんな人がたくさん体験するようになったら、世界って変わりますね。

ジュリアン　変わると思います。まさにそのとおりだと思います。わたしたちはここでわくわくしながらいろいろ想像して、これからこれもしたい、あれもしたいと、皆さんいろんな素晴らしいアイデアを持っているじゃないですか。じゃあ、具体的に「これをやろう」となると、でも、やっぱりできない、自分には不可能だ、自信がない、といった話をよく聞きます。けれども、自信があるかどうかということよりも、大事なのは、信じられるかどうか。**自信の「自」は要らないので、「信」だけあればいい**とわたしは思います。先ほどおっしゃったとおり、「わたし」というのはそこまで必要じゃないだろう、そんなに必要ではないと思いますね。ただ、やりたいことを「じゃあ、やりましょう」と動き始めれば、自然に、宇宙と共にそれが実現できると思います。

新しいことをしてほしがっている

ネドじゅん　何か新しいことをしてほしがっているなという感じはあります。昨日までと同じことではなく、新しいものを見て、新しい感じを受けたときに、この周りのワンネス的な、さっきでいう海の喜びみたいなところが喜んでくれる感じはいたします。そういった傾向、雰囲気みたいなものはあるように思うんですが、でも、こうじゃなきゃいけないっていうふうには何も来ないんです。

ジュリアン　確かにそうですね。こういう形でないといけないということは、もともとないと思います。

ネドじゅん　どんなに抗っても、なんかうまいことやられちゃう気がする。出会いとか巡り合わせを操られているような感じで、自分がどんなにそれを避けようとしてもやっぱり相対していく、変化を受け入れていく。そんなふうにうまく導かれているような感じはします。

ジュリアン　導かれていますよね、わたしたち。ただ、その導きが聞こえるかどうかというと、ときには思考によって邪魔されて、聞こえないときがあるんですね。その導きは胸で聞こえるものですので、特に思考から生きていくと、残念ながら聞こえないときはたくさんあると思いますね。

ネドじゅん　いまでもマグロになれたらどんな人生だったかな、と思うんですけど、それでもなりたかった自分とか、当時やりたかったことみたいなのは、結果として、いま、全部、自分はやらせていただいている、楽しませていただいているというふうに思います。

ジュリアン　それは素晴らしいです。ワンネスの体験をしているときには、宇宙から見ると、わたしたちはここでいろんな新しいことをやってみるために降りてきたというふうな見方ができるんです。失敗してもどんどん先に進んでやってみて、もしダメでも、「やっぱりそうだったんだ。じゃあ、これ、やめます。次のことをやってみます」というふうな感じで、気軽にやりたいことをやっていったほうが、宇宙から喜ばれるんです。わたしはそういう体験をしましたので、ぜひ皆さんもこれからやりたいことをやってみてください。自信がなくても、特に自信がなければこそ、やってみてください。

ネドじゅん　そうですよね。そういうふうに、別に押されているわけではないんですけれど、何となくそっちのほうが歓迎されているっていうような、うっすらした感覚なんですけれども。昨日までやらなかったことを今日、ひとつだけ何かやってみる。それがうまくいくとかそんなんじゃなく、新しい新鮮な感覚を得たという、そのおもしろさですね。

ジュリアン　はい、そうです！

ネドじゅん　それは、ワンネスの視点からいうとわたしだけのものじゃなく、実はわたしが経験したことが多くの方に影響しているんじゃないかと思うんです。同じひとつのものの現れですので、わたしたちは。いまこの瞬間もひとつの大きなものがあって、（こちらの）あなたとして、（そちらの）あなたとして、（あちらの）あなたとして、スパークしているような感じなのです。わたしとして、いま何だかわからない大きなものがわたしというのをここにあらしめて、次の瞬間もまたあらしめて、その上にわたしが乗っかって、ガハハって笑っているみたいな感じですので。そういう意味ではわたしがここで経験すると、そしてジュリアンさんが経験すると、それは……。

ジュリアン　おっしゃるとおりです。

ネドじゅん　……ずっと下のひとつが経験しているので、すべての人の中に変化を起こしていく。同時進行形のような気がするんです。何となくワンネスっぽい感じ、してきましたか？　だんだんわたしっていう個人の感じが薄れていくのは確かです。この体の感覚は濃くなっていくんですけど、こういう経験をして、こういうキャリアがあって、こんな性格で、こうやりがちなわたしっていう、何かいままで形作ってきたものっていうのは透明になっていく感じ。そのままの形で「わたし」は透明で薄くなっていくような気がするんです。いい人になっていくわけじゃなく、悪い人のまま、どんくさいまんま、そのまんま透明であんまり影響しないものになっていくような感じを受けています。

ジュリアン　楽になりますよね。

主語を省略する日本語の素晴らしさ

ジュリアン　日本語という言語は、ものすごく素晴らしい特徴があると、わたしはフランス人として勝手に思っています。日本語は主語を省略するという言語ですね。

ネドじゅん　独特ですよね。

ジュリアン　そうです、それは独特ですね。いまのわたしは、主語を省略することは便利だと思っているんです。ただ、日本語を勉強し始めた頃に、これから「わたし」とか「あなた」を使わないようにしましょうという教科書の説明を初めて読んだとき、「じゃあ、誰が何をしてるかってどうやってわかるんだろう?」って、ちょっと戸惑ったんです。けれども、ただそれは何となく透明な存在として、わからなくてもいいんじゃないかというふうなことで……。

ネドじゅん　わたしたちは全然、「わたしは」って付けないんですよね。

ジュリアン　付けないんですね。そのほうが、「わたしたち」「グループ」「団体」として動き始めるにはスムーズで、滑らかな動きができるとわたしは思います。わたしはフランスとアメリカのふたつの国を拠点にしているのですが、確かにフランス語で話すときには「わたし」という単語が多いですけれども、それ以上にアメリカのほうがずっと多いです。

ネドじゅん　多いですよね。

ジュリアン　非常に多いです。すべてが「I（アイ）」から始まるんですね。

ネドじゅん　「I」ですね。

ジュリアン　「I」から始まる文章が多すぎて、耳が痛くなるときもあるんですよ。特にアメリカに行って、そして日本に来ると、そのコントラストでびっくりするんですよ。I, me and myselfという国（アメリカ）から、「わたしたち」を優先する、主語を省略するという国（日本）に来ますと、違う惑星に来てしまったのではないかと思うくらいのショックを受けるんです。

ネドじゅん　別段、主語を付けずに「やばいです」って言ってたら、全部通じるみたいなところがありますよね。どうですか、「やばいです」。笑顔で言ったらいい感じだし、怖い顔で言ったらあかんねんなという感じで、何、聞かれても「やばいです」って言ってたら通じるっていう。主語なしでね。

ジュリアン　通じますよね。

ネドじゅん　確かに、そういう意味では日本の言葉や在り方って、意外とワンネスの感覚になりやすい？

ジュリアン　日本語で話すときは、集合意識の視点から話すことが多いですからね。どう思いますか？

ネドじゅん　ほかの国の言葉がいまいち使えないんですが、最近アメリカに行って帰ってきたので、その感じで言うと、この曖昧さが実はすごく表現しやすいのかなと思います。

ジュリアン　アメリカではどういう体験をされたんですか？　お聞きしたいです。

ネドじゅん　そう言っていただくと、すごい語学留学をしたみたいな賢い感じがして、とほほなんですけど。単に遊んで帰ってきたっていうだけなんです。

行ったのがアリゾナ州でしたので、また独特の砂漠の気候とかんかん照りのエリアを観光して帰ってまいりました。でも、しみじみ日本って豊かだなと思いました。

もちろん行ったところが砂漠気候のアリゾナ州でしたので、草木の根がまず伸びないんですよね。だから、ばんばん倒木、倒れてるんですよ、山なんかでも。倒れたまんまです。そこからまた松ぼっくりから芽が出て、小さな木はいっぱい生えてるんですが、大きくなったら倒れちゃうみたいな感じで。水気もないし、雨もあんまり降らない。砂漠気候なので、山があっても、ここで何かを収穫して食べたりするのは無理だなというようなエリアが広大なんです。

それを考えると、日本は小さいけれどもめちゃくちゃ豊かだなと。土地からいくらでも食べ物が湧いてくるような、そんなパワーがあるなと感じました。

でも、できれば、あともうちょっと飛行機で飛んだら、あの有名なアルバカーキのUFOいっぱい出るところまで行けたんですけど、そこまで行ってきたらよかったな。そこまでの半分ぐらいの距離で帰ってきたんで行けなかったんです。せっかくだったら見てきたかったですね。UFOを連れて帰ってきたかったな。

ジュリアン　そうですね。

確かに、日本はとても豊かな国ですね。土地からしてもちろんのこと、そして人とのつながりこそが、豊かさの源ですね。人々の関係性を重視する日本の文化はパワフルだと思います。

●「いまここ」を味わう大切さ

ネドじゅん　皆さんがきっとお聞きになりたいと思うんですけれども、ワンネスに出会うためにできることとか、心掛けることとかって何かないですか？

ジュリアン　いい質問ですね。

ネドじゅん　お聞きしてみたかったんで、わたしが。

ジュリアン　先ほどからわたしたちは「いまここを味わう」という言葉をたくさん使っていますが、「いまここを味わう」というのはものすごく大事なんですね。『ワンネスの扉』でも触れていますが、思考の役割と本当の自分の役割があるんです。けれども、思考の役割についての教育って、わたしたちの教育制度の中ではあんまりないんじゃないかなと思うんです。もっと自分の思考の働き方についての教育があればいいなと、わたしは思っています。

なぜかというと、まず、わたしたちはこの思考そのものではないからです。**わたしたちはこの思考とこの体を使っている光の存在**なのです。いま、わたしたちはこの体を通してこの三次元の世界を体験していますが、この人生が終わると、また生まれ変わり、新しい体で新たな旅を始めるのですね。輪廻転生みたいな現象が起こっています。ですので、この思考はただお借りしているもの、ツールにすぎないものなんですね。本当の自分は、この体や思考をツールとして使いながら、三次元の世界を体験しようとしているのです。

この視点に立つと、日常生活は思考を通して味わうのではなく、本当の自分の視点から味わったほうが、より充実した人生を送れるのではないかと、ワンネスを体験した後に気づきました。言うのは簡単ですね。

本当の自分の視点とは何か？　簡単に答えられないですね。なぜかというと、常に思考の声が頭の中に出てくるからです。明日のこと、昨日のこと、また明日のこと、明後日のこと……。今日、「いまここ」という瞬間を完全に忘れてしまうんですよね。もちろん、明日のことを考えてはダメとは言ってません。

いまわたしは、旅行会社を経営しているのですが、その前には、パリでパンケーキ屋を十年間経営していました。実は経営が好きなんです。なぜかといいますと、経営はプロジェクトマネジメントの一種として考えられるため、そこで自分の思考をプロジェクトマネージャーのように扱うことができるからです。

自分の思考と内面的な対話を始めることで、思考を導くことができると思います。例えば「この問題について、あなたは何かいいアイデアがありますか。いくつか提案してください」といったような対話をすることで、自分の思考をできる範囲で指導しようとしています。

ネドじゅん　自分の中で、思考を自分ではないもののように扱って、思考と対話をして要求していくわけですね。

ジュリアン　はい。

ネドじゅん　おもしろい。

ジュリアン　こういうふうに、何回もやっていくと、思考からいい提案やアイデアが湧いてきますよ。

ネドじゅん　出てきますか。

ジュリアン　はい、そして思考がよいアイデアを提案してくれたときは、ちゃんと褒めるようにしています。「いいアイデアだね！　よくやったね！」といった言葉をかけるようにしています。

また、思考の声を落ち着かせるために、「ちょっと休憩してくれる？」とか「少し静かにしてほしい」などと伝えるのも効果的です。こうした内面的な対話を通じて、思考を上手に導いていくことを意識しています。

ネドじゅん　本の中では「脳（思考）の声」と「魂の声」というような言い方をされていますよね（84ページの表参照）。それは頭（思考）の声との対話ですね。

●思考の声と魂の声を区別する方法

思考の声	魂の声
物事を判断する（二元性）	判断せず物事をひたすら観察（非二元）
可能性を制限する	無限の可能性でわくわくする
「時間」と「空間」に制限される	「時間」と「空間」は存在しない （非局所性）
同じことをリピートしがちである	新鮮 新しい体験に惹かれている
過去のことを振り返る やり直そうとする癖	過去は存在しない いまここしかない
未来のことを推測しようとし、予測した未来に対して心配や恐れが生じる	未来は存在しない いまここしかない
「わたし」は個別の存在であり、他人とはつながらない	「わたし」を重視しないで、他人とつながっている
他人の目が気になる	自由である存在
感情（気持ち）：不安、緊張、ストレス、欲	感情（気持ち）：喜び（Joy）、心地よい、安心、愛

ジュリアン　はい、そのとおりです。

ネドじゅん　心（魂）はどんな感じで動きますか？

ジュリアン　心はどんな感じで動いているかといいますと、感覚や感情やビジョンなどで動いているときが多いです。言葉を超える形で動いているものですから、日常の中で、できるだけこういう動きを大切にしようとしています。これも言うのは簡単ですが。

ネドじゅん　言うのは簡単ですよね。

●美しさを味わう習慣をつくる

ジュリアン　「いまここ」を味わう方法はいくつかあると思います。わたしが好きな方法のひとつは、街を歩いたり、地下鉄に乗ったりしているときに周りをよく観察することです――車を運転しているときは少し難しいですが――。そうすると、必ずどこかに美しい瞬間があることに気づくんですよ。

だから、「きれいだな」と思った瞬間に、この感覚を大事にしようとその美しさを写真に撮るんです。そして、そのときに撮った写真を自分のＳＮＳにアップして、「Here and now（いまここ）、なんて美しい◯◯なんだろう……」とコメントを添えたりして、シェアします。そんなふうに楽しんでいます。

必ず毎日一回か二回ぐらいの投稿をしていて、今日もあれとこれの美しさで本当に心が満たされたという体験をしているんです。その美しさで満たされているときに、自分は「いまここ」に戻ることができると気がつきましたので、新しい習慣として、「いまここ」に戻るために、こういうふうにＳＮＳに投稿しています。

ネドじゅん　美しさに出会ったときに、記録に撮られているわけですね。そうすると、そのときは意識的にその美しさを味わう心があるということですね。

ジュリアン　はい。それに、ある程度、自分の思考への教育にもつながると思います。

ネドじゅん　習慣にすることで、考えでいっぱいにならないように、世界の美しさのほうに目を向けて、美しいなと感じる時間をつくるんですね。わたしなんかは夕日、夕焼けが好きなんで、夕焼けが美しかったらそれだけで今日は得したような気持ちになるんです。夕焼けが次々と変わっていく色を眺めながら、自分の後ろにいらっしゃる神さま、ワンネスに「美しいですね、神さま」って言って、一緒に空を見ているんです。そういうことを習慣にするということですね。

ジュリアン　そうなんですね。一日の中には、たくさんの美しい瞬間があると思うので、それぞれをじっくり味わうことで、「いまここ」に戻ることができるんです。「いまここ」に戻るとワンネス状態に入りやすくなるんですね。

ネドじゅん　美しさに向けて心を開く、**美しさそのものを意識的に味わう**んですね。なぜ意識的に味わう必要があるかというと、わたしの言い方でお話ししますと、左脳が「知ってる」って言うんですよ。「それ、もう知ってる」って。「空、こんな晴れた日で、あの辺に雲がかかってたら、そりゃ空は赤くなるよ、知ってる、わかってる」って言って味わわせないようにしようとするんですね。

だから、それは「ちょっと黙ってて」って止めて、オレンジから紫に変わっていく、反対側のお空の色が青から深い色になっていく、あの辺りで金色に光ってる雲のなんてきれいなことだろうっていうふうに、やっぱり意識的に心を向けて、そして目から入ってきたその光を十分に味わう。そして、一生懸命、感動するっていうんでしょうか。

ちょっとわざとらしいかもしれませんが、ここでしっかりとこれを捉えておきたいという気持ちで、「美しいですね、神さま、この夕日はもう二度とないですね」っていう気持ちで味わうんです。そういう練習って大事ですよね。

ジュリアン　そうなんです。**練習は新しい習慣につながる**ものなので、毎日続けることが大切なんですよね。

ネドじゅん　そんなふうにセンスっていうか、感じる心を開いて、見ているものに意識を向けられるようになればワンネス体験には近くなりますか？

ジュリアン　はい、「いまここ」を味わうことは、実は、ワンネス体験への扉を開く第一歩なんです。

●思考は間違っているのにわかったふりをする

ネドじゅん　ほかに何か、これがワンネス体験に近づくということはありますか？

ジュリアン　先ほど思考の話が出ましたが、「思考がぐるぐると巡るときはどうしたらいいですか？」という質問をよくいただくんです。わたしは思考との対話、内面的な対話を通して対処しています。思考を相手にして質問を投げ掛けてみると、意外とおもしろい答えが返ってくることもあるんですよ。これもひとつの楽しみだな、とわたしは思うんです。

　意外な答えが出てきたときは、「これ、おもしろいかも」と思って、思考からのアイデアを記録するためのノートに書き留めておきます。そして、後でそのノートを見返して、「あれはおもしろかったな」と思ったり、よい提案が出たときには、日常生活の中で活用してみたりもします。

思考の記録を読んで、「こんなことまで考えてくれたんだな」と感心したり、「ここはちょっと余計だったけど、まあいいか」と思ったり。ときには、それを読んで笑ってしまうこともあるんですね。そんなふうに、思考とのやり取りを楽しんでいます。

ネドじゅん つまり、思考を完全に自分とは思っていらっしゃらないんですね、いまのお話をお聞きしてると。

ジュリアン 思っていないです。

ネドじゅん どこかから湧いてくる勝手な声みたいな？

ジュリアン そうなんです。この勝手な声はほとんどの場合、間違っているとわかっているので、どんどん何か言われても、「もうわかってるよ、間違ってるってことが」と思っています。

ネドじゅん　確かに、わたし自身もぐちゃぐちゃと頭の中が回るようなときは、やたら警告してくるときがあるんですね。いまでも結構あるんですけど。階段を下りようとしたら、階段で転ぶイメージを出してくる。わたしは頭の中の思考の声が聞こえないものですから、イメージで挟み込んでくるんですね。車に乗せてもらったら事故に遭う場面がイメージでフラッシュする。

そうやって警告ばかりしてくるようなときがあるんですけど、そういうときには、「それだけいろんなものをわたしにイメージで出してくるなら、いま、苦しんでる人がちょっとでも楽になるようなアイデア出しておいで」って言います。ここはちょっと絡みつくような感じで。けんか売ってるみたいなトーンで「出してみ」って言ってね。すると、左脳は黙るんです。それで、次に何か言ってくるまでに、「ちょっとでもアイデア出してきいや」って圧をかけておく。思考から距離を取って離れておくわけです。

でも、それはすごくいいアイデアですよね。

ジュリアン　おっしゃるとおりです。思考はまるで何でもわかっているかのように偉そうに話してくるので、本当に全部わかっているなら、ぜひいろいろ教えてもらいたいですね。

ネドじゅん　自分という存在を整理するために思考を書き出すというようなジャーナリングはよくありますが、そうではなくて、全然、自分と違った存在として思考を扱う、そして、それを書き出すというのはめちゃくちゃおもしろいですね。

ジュリアン　はい、こうやって思考と対話しながら整理するのを、結構楽しんでいます。

ネドじゅん　それで一冊、本が書けるような気がします、すごく独特な。

ジュリアン　そうかもしれないですね。思考との対話ができるジャーナリングブックみたいなものでもいいかもしれないですね。

●「大勢の中のわたし」のほうがワンネスに開かれる

ネドじゅん　では、どちらかというと、心が開かれてワンネスの体験をいたしますが、コツとしては思考に巻き込まれないでいるということが重要ですか？

ジュリアン　そうですね。とても重要ですね。思考の声を認識しながら、思考と距離を置くことがとても大事ですね。そして、胸に響く何かやりたいことを楽しむことも大切だと思います。

ネドじゅん　最近、ワンネス体験をしたという方から直接お話を聞いたことがあるんですが、その方はアメリカにお住まいのドラムをたたくプロのドラマーの女性で、アメリカのジャズバンドでドラムをたたいておられるお母さんだったんですね。その方は、それこそ何万曲とあるジャズの曲を即興で演奏するんだそうです。

ジャズでドラムをたたくということは、ものすごく体を動かしながら、舞台上にいるギターやボーカルなど全員と、その瞬間瞬間に意思を疎通していないとできないわけですね。次、ギターが弾こうとしてるのか、ボーカルは歌おうとしてるのか、すべてに意識を向けながらドラムをたたいていると、あっという間にワンネスの状態に入って……、そうなるとお客さんひとりひとりも、お客さんのテーブルに置いてあるボトルのガラス素材も、すべての原子が自分自身だというふうに感じるんだそうです。何もかもが自分。すべてがこの瞬間に存在しているんだというふうな意識に、毎回ライブのたびに、すぐなるんだそうです。

わたし自身も、自分ひとりでワンネスについて考えるよりも、多くの方、もしくは仲間、家族、誰かほかの人と共にわたしも存在するというような、大勢の中のわたしが何かを感じるというようなシチュエーションのほうがワンネスに開かれる気がするんです。

ジュリアン　おっしゃるとおりです。実は、ワンネスは個々の体験ではなく、みんなとシェアできる体験だと思います。だからこそ、そうした共有の形で体験するほうが、より理想的だと感じています。

ネドじゅん　本で拝見しましたが、ワンネスを起こすために、ジュリアンさんは窓から街行く人を見られていたというような。

ジュリアン　そうなんです。**人と人とのつながりを大切にすること。**ワンネスとは、もともとわたしたちがひとつの存在であるということ。「あなたはわたしであり、わたしはあなたである」というつながりが、まさにそこにあります。こうしたつながりがなければ、ワンネスにはたどり着けません。だからこそ、人と関わりながら何かをすることで、自然とワンネスを体験できるのではないかと、わたしは思います。

ネドじゅん　今回、このように皆さんの顔が見える会場を借りていただいたんで、おひとりおひとりが見えるんですけれども、皆さんを見ながら、皆さんもワンネスのスパーク、**ひとつであるものの遊びの現れ**、わたしもいまここでそのひとつとして現れている、この感覚に注目して、その感覚を感じようとしている。この人もそう、あの人もそう、あちらの人も。**皆さんがその現れだというふうに感じながら、自分もまたその現れだというふうに感じていく**こと。わたしはこれがかなりの近道なのではないかなと思っています。

たったひとりだけで部屋で考えるのではなく、それこそ窓から見下ろしながら、または電車に乗って、いまこの車両に乗ってる人たち全員が同じものの現れなんだというふうに意識を向けてみるということ。そういったところが近道なのではないかなと思っているんです。

ジュリアン　そうですね。**相手は「別のバージョンの自分」**と考えるようなイメージですね。そう思って、道を歩きながら周りの人を見ると、「こんな人生を体験している自分もいるんだ。ありがたいことだな。おかげで、いろいろな人間の体験を同時に味わうことができるんだな」と感じます。いまそういう考え方をしています。

●感謝はワンネスへのスイッチ

ネドじゅん　「ありがたいよな」というのはスイッチですよね。

ジュリアン　そうなんです。

ネドじゅん　最後のスイッチのような気がします。

ジュリアン　感謝。

ネドじゅん　感謝。

ジュリアン　ですよね。

ネドじゅん　なんで感謝ってあんなに、それに近いんでしょう。

ジュリアン　感謝は、言葉だけでなく、心で表現するものですよね。そのように、思考ではなく、この心から発するものだからこそ、感謝によって、本当の自分として「いまここ」に戻ることができるのではないでしょうか。感謝には、そんな力があるのだと思います。

ネドじゅん　心からの感謝ですよね。

ジュリアン　メルシーですね。

ネドじゅん　メ、メルスィー。発音が難しい。またマスターしてきます。

ジュリアン　ありがとうございます。

ネドじゅん　感謝、ありがたい、おかげさま。いい言葉って、すごくたくさんあります。ふだんはなかなかそれに感情が乗らないんですけど、**意識的に感情を乗せていき、ちょっと涙が浮かぶくらい感動、感謝を感じてみる**のが最後のスイッチであるような気がいたします。

複数の方たちが同じ現れであるということを、いまここで同時にこうやって顔を見合わせながら意図してみること。そして、あらゆることがありがたい、おかげさま、感謝であるということ。体の中でそれを感じて、感動というところに盛り上げていくと、結構な割合でつながるような気がいたします、ワンネスに。

ジュリアン　「ワンネスに」、ですね。わたしは、感謝を日常生活に取り入れるだけで、驚くほどすべてが変わると思っています。感謝はただの言葉ではなく、本当の自分、つまり心（魂）から湧き出るものだからこそ、ゆっくりと丁寧に伝えることで、より強い力を持つ言葉になるのではないでしょうか。

ネドじゅん　ゆっくりと味わうように。

ジュリアン　味わうように。

ネドじゅん　本当に「ありがとう」っていう言葉を自分の体で感じながら表現できるとき、ありがとう、ありがたいっていうのがここにあると、そのとき体のすべては「すべて満たされています」って言っているような気がするんです、裏側で。表側はありがたいという感謝です。

ありがたいがあると、必ずその裏側には完全です、完璧です、幸せです、その全肯定があるような気がするんですね。だから、腰が痛くても膝が痛くても、ありがとうって言ったら、その瞬間だけは全肯定で、「わたし、完璧です」っていうような、裏メッセージみたいなものが存在するような気がするんです。将棋の駒の裏表みたいな感じで。

わたしはいろんなところがダメでうまくいかないこともたくさんあるんですけれども、「ありがとう、ありがたい」って言うこの瞬間だけは完全というところに至るような気がするんです。だから、その完全であるワンネスが体を通じて発動するんじゃないかしらと。

ジュリアン　そう思いますね。これは、波動につながる話だと思います。「何をするか」よりも、「どうあるか」のほうがずっと大切なんです。つまり、**すべては心から始まる**ということ。この手で何かをするのではなく、大事なのはこの心なんですね。まずは、心のあり方が鍵になると思います。そう思いませんか。

ネドじゅん　皆さんにも参考になったかと思います。

ネドじゅんの感謝のスイッチを入れる「ありがとう」のワーク（解説編）

※このワークは、実際にイベント会場で行われたワークの記録です。

ネドじゅん　いまこの場で感じられることに、皆さんと一緒に感謝をする練習というのをやってみようと思います。

目をつぶっていただいて、お尻の下の椅子の感じ、硬いやら柔らかいやらを感じてみてください。次にお尻に意識を向けて、お尻にその椅子がどんな感じで当たっているかというのを、感じてみてください。そして、その椅子に向かって、「ありがとう、いま、わたしを支えてくれて、こうやってお尻を支えてくれてありがとう」というふうに唱えてみてください。この椅子を作ってくれた方、ここに設置してくれた方にも、感謝を伝えます。「とうとう、いま、わたしが座りました。ありがとうございます。ここに椅子があってありがとうございます」。

そうしましたら、今度は足の裏、床に着いているところを感じてください。この足の裏の感覚をよく感じて、この土台に感謝を送ります。「素晴らしくまっすぐな、この地面、この床を作ってくださった方たち、ありがとうございます」「いま、足の下でわたしを支えてくれてありがとう、感謝します。支えてくれてありがとうございます」。

胸いっぱいになりながら息を吸ってみてください。すうっと空気が入ってきますよね。こんなに閉鎖された空間なのに、とてもいい空気です。この空気に感謝してみましょう。肺の中に入って、また出ていく。その間に何の苦しみもありません。ただ入って出ていきます。「この空気があることにありがとう。このお部屋の中の空気をこんなにクリーンにしていただいて、いい感じの気温、この中で空気が吸えること、ありがとう」「体が自然にこの空気を吸って吐いてくれること、これがなかったら死んでいます。命を支えてくれてありがとう」「とてもいい空気です。ありがとう。体が、息が吸えることに感謝します。ありがとう」「肺が働いてくれていることに感謝します。何にも工夫も努力もしていないのに、この中から酸素を取り込んで体中を生かしてくれています。ありがとう」。

その感謝が乗った酸素が血液に入り、体の中を巡っていきます。「ありがとう、細胞。この酸素、使ってください。肺が吸い込んでくれたこの酸素。ありがとう、わたしの体」「わたしの細胞たち、ずっと生きていてくれてありがとう。真っ暗な中で命をまっとうしてくれて、わたしの命をここで生きてくれて本当にありがとう」「こうやって生かされていることに感謝します。ありがとうございます」「今日、ここに来られたこと、こうして皆さんと一緒にこの場にいられること、ありがとうございます」。

これ、簡単なことじゃないです。途方もなくたくさんの方たちの支えがあって、そして、ここにいることができます。道路も電車も、それから、気候、都市、この国のシステム、あらゆることが、すべて稼働していることで、わたしたちは今日、ここに集まることができました。そして、同じ空気を吸っています。ひとつの現れがわたしという体を現しています。何の努力もなく、この瞬間、体が現れ、次に新しいわたしがここに誕生しています。「ありがとう。ワンネス、わたしとして現れてくれてありがとう。この経験をさせてくれて本当にありがとう。あなたに感謝します」。あなたに届くかどうかわからないけれど、わたしの体の奥に向かって、「いま、この体をつくってくださっているあなたに向かって、ありがとう。本当にありがとう」。

体の中がじーんとします。答えを返してくれているみたいです。細胞たちが、じーんと震えているように感じます。現れ……。わたしたちはみんな、この瞬間、ワンネスの現れです。人間の形をした宇宙です。それが勝手に、そこに起こっている。わたしという形の中で起こっている。起きています。何にも心配しなくても、ずっとわたしを表現してくれています。「ありがとう。こんなにおもしろい、人間という経験をさせてくれてありがとう」。思考も感覚も、この神経も細胞も、地球の重力も、すべてがわたしというものを支えてくれていて、本当にうれしくありがたいです。じーんとした感じが足の指先までします。体が反応してくれているみたいです。「ありがとう。本当にありがとう」。

どうぞ目を開けてください。この世界を見てください。このおもしろいホール。すごいものを建てられますよね。びくともしない、この椅子。素晴らしい技術ですよね。

おそらく、これがいま、わたしたちがとてもワンネスに近い感じです。特に独特の体感はないかもしれませんけれども、わたしの感じているふだんのワンネスは、まさにいまのこの感じです。この瞬間の一瞬の中に、ぎゅっと詰まったような意識。

こんなふうに同じような人々が暮らしているこの日常の中で、わたしたちがワンネスを体感していくとき、それはわたしたちが思うよりずっと深いところまで響き渡り、そして、実は世界に影響を与えていっていると思います。何も、こうなってほしいと願うこともなく、ただわたしの体に感謝し、世界に感謝し、体がじーんとしびれるようなこの感じを自分の意思で持ってみるとき、練習してみるとき、世界は変わっていくと思います。

ネドじゅん　こんな感じですけれども、どうぞジュリアンさん舞台中央へいらしてください。どうですか。何か付け加えていただくことありますか。

ジュリアン　「ありがとう」という言葉がどれほどパワフルなのか、いつも感動します。「ありがとう」「メルシー」「感謝」――どの言葉にも、その響きの中に周波数としてエネルギーが込められているんですね。

ネドじゅん　細胞を変えますよね。

ジュリアン　そうなんです。

ネドじゅん　細胞が震えていく。

ジュリアン　心の持ち方というのは、やはり感謝から始めるんじゃないかとわたしは思うんですけれども、いかがですか。日常の生活で、感謝という気持ちから一日をスタートすると、どうなりますでしょうかね。

ネドじゅん　本当に、一日の朝から夜まで、みっちみちに感謝してみる日というのも、やってみられるとおもしろいと思います。すぐ忘れちゃうんですけど、また思い出して、ドアノブにも感謝し、水が水道の蛇口から出ることにも感謝し、やろうと思ったらいろんな場面で自分の細胞を震わせていくことができます。その先に、ワンネス体験というものが存在するとわたしは思いますし、そのときには世界が愛であるということを体験されると思うんです。

ジュリアン　味わいますね。ありがとうございます。

ネドじゅん　いろんなことを試してみてほしいです。わたしはどなたでもワンネスを体験できると思っていますので、ぜひ実験というか、おもしろがって体験してみることを心掛けていただくと、日常のいろんなことが、楽しみになるんです。今日が、いろんな場面でワンネスをやってみようというきっかけになればいいですね。

ジュリアン　いいですね。「やってみないとわからない」という気持ちで、心から物事を試してみることは、とても大切なんです。だからこそ、ぜひ日常の中で、いろいろな新しいことに挑戦してみてください。

ネドじゅん　そして、無意識とか、ワンネスとか、自分を支えてくれている自分じゃない大きな意識たちに、ぜひ話し掛けてあげてほしいと思います、いろんな場面で。無意識さんでも、神さまでも、何でもいいんで、「今日は寒いですね、神さま」とか、「今日はとても気分が良く歩けています、無意識さん」とか「ワンネスさん、今日も世界はどうでしょう、平和でしょうか」というふうに、いろんな場面で話し掛けていくと、それに結び付いていく脳神経回路ができていくような気がするんですよ。ちょっと変な人に見えるかもしれませんが、自分の中での対話として、自分より大きな意識に話し掛けていく、共に体験していく、そんな感じで過ごしていただけたらと思います。

支えてくれる
座面に感謝
床に感謝

ネドじゅんの感謝のスイッチを入れる「ありがとう」のワーク（セルフワーク編）

いま、この場で感じられることに対して、感謝をする練習です。

1 椅子に座って、軽くまぶたを閉じます。

2 お尻の下の椅子の感じ（硬いとか柔らかいとか）を感じてみます。
それからお尻に意識を向けて、どんな感じでその椅子がお尻に当たっているかというのを感じてみます。

そして、その椅子に向かって、感謝の言葉を送ってみます。

（感謝の言葉は、自分にしっくりくる言葉ならどんな言葉でも大丈夫です。）

「ありがとう。いまわたしを支えてくれて、こうやってお尻を支えてくれてありがとう」

3 次に、その椅子を作ってくれた方、そこに置いてくれた方に向けて、感謝を送ります。
「とうとう、いま、わたしが座りました。ありがとうございます。ここに椅子があってありがとうございます」

4 今度は足の裏、床に着いているところを感じてください。

この足の裏の感覚をよく感じて、この土台に感謝を送ります。

「この地面、この床を作ってくださった方たち、ありがとうございます」

「いま、足の下でわたしを支えてくれてありがとう、感謝します」

5 感謝で胸いっぱいになりながら、息を吸ってみましょう。

すうっと空気が入ってきますね。この空気に感謝してみましょう。

「この空気があることにありがとう」

「とてもいい空気です。ありがとう」

「このお部屋の中の空気、いい感じの気温、この中で空気が吸えること、体が自然にこの空気を吸って吐いてくれること、これがなかったら死んでいます。命を支えてくれてありがとう」

6 呼吸をしてくれている体にも感謝します。
「息が吸えることに感謝します。ありがとう」

「肺が働いてくれていることに感謝します。何にも工夫も努力もしていないのに、この中から酸素を取り込んで体中を生かしてくれています。ありがとう」

7 その感謝が乗った酸素が血液に入り、体の中を巡っていきます。
体の中の細胞に感謝を送ってみましょう。

「ありがとう、細胞。この酸素、使ってください。肺が吸い込んでくれたこの酸素。ありがとう、わたしの体」

「わたしの細胞たち、ずっと生きていてくれてありがとう。真っ暗な中で命をまっとうしてくれて、わたしの命をここで生きてくれて本当にありがとう」

「こうやって生かされていることに感謝します。ありがとうございます」

8 いまここにいることそのものに、感謝します。ひとつの現れがわたしという体を現しています。何の努力もなく、この瞬間、体が現れ、次に新しいわたしがここに誕生しています。

「ありがとう。ワンネス、わたしとして現れてくれてありがとう。この経験をさせてくれて本当にありがとう。あなたに感謝します」

「いま、この体をつくってくださっているあなたに、ありがとう。本当にありがとう」

9 わたしたちはみんな、この瞬間、ワンネスの現れです。人間の形をした宇宙です。それが勝手に、ここに起こっている。わたしという形の中で起こっている。何にも心配しなくても、ずっとわたしを表現してくれています。そのことに感謝を送ります。
「ありがとう。こんなにおもしろい、人間という経験をさせてくれてありがとう」

「思考も感覚も、この神経も細胞も、地球の重力も、すべてがわたしというものを支えてくれていて、本当にうれしくありがたいです。ありがとう」

10 いまの体の感覚を感じてみます。体は、細胞は、どんな感じでしょう。感謝を受け取って答えを返してくれているでしょうか。しばらく時間をとって、静かに感じてみます。
最後にその感覚に感謝を伝え、終わりにします。

「ありがとう。本当にありがとう」

ジュリアンの新しい喜びを生む感謝のワーク

わたしはワンネス体験で「永遠のいま」を味わいました。過去も未来も存在しない、たったひとつの瞬間「いま」の中で、すべてが行われていました。そして、この瞬間を味わうときに、壮大な美しさを感じ、すべてに対し感謝と愛が混ざり合った気持ちで満たされていました。

ワンネス体験が終わり、日常生活に戻ったとき、この至福をどのように日常の中で体験し続けられるのだろうかと考えました。

ワンネス体験から学んだひとつの大きな点は「感謝」の力です。過去や未来のことを想像する思考を止める方法としても、そしてすべてとつながっていると感じるためにも、「感謝」の気持ちはとてもパワフルだと思います。

ですから、日常の中で誰でもできる「感謝のワーク」をご紹介したいです。

次にご紹介する朝晩のルーティンを毎日続けていくことで、よりポジティブで肯定的な生き方ができ、人間としての真の豊かさが味わえると思います。
皆さんもぜひ、「感謝」の波動に包まれ、「永遠のいま」の愛を感じてみてください。

〈朝起きたときのルーティン〉

朝起きたら、すでに持っているものに目を向けてみましょう！
まずは「日の光」に感謝します。
そして、昨日一日の出来事や、学びができたことに感謝します。
今日もきっといろいろ学びができる一日になります。
そして、おいしい朝ごはんに感謝します。
お茶やコーヒーをおいしくいただけるのも、茶の木やコーヒーの木のおかげです。
植物に感謝します。
それでは、今日も素晴らしい一日がスタート！

〈夜、寝る前のルーティン〉

お風呂に入るときの柔らかいお湯に感謝します。
肌に優しいこのお湯のおかげで、心まで癒やされます。
暖かい布団に感謝します。
今日もいろいろありました。素敵な一日に感謝します。
体のおかげでたくさん体験もできました。
体に感謝を伝えます。
それでは、ゆっくりとお休みなさい。

このようなルーティンを毎日続けていくことで、よりポジティブで肯定的な生き方ができ、人間としての真の豊かさが味わえると思います。

第Ⅲ部

ワンネスQ&A

●参加者からの質問にふたりが答える19のQ&A

※お寄せいただいたご質問は個人情報を配慮して編集しています。ご了承ください。

Q1

恐怖という感情についてお聞きしたいです。恐怖という感情自体に、何か宇宙とか、ワンネスといったものと関わる大きな意味があるものなのでしょうか？　それとも、ただのエゴによるものなのでしょうか？

A1

ネドじゅん　わたしは、恐怖であれ、怒りであれ、体にとっては不快だと感じるような感情や感じ方であっても、やっぱりそのとき一番感じるべきものがそこに表現されているのだと思っています。それを変えようとか避けようとしているときが一番しんどいと思います。これは、わたしがお話しした中のたとえで言うと、イワシである自分を否定して、マグロになりたかったときが一番つらかった、一番人生がしんどかったです。

それと同じように、そのとき出てきているのが不安であれ、恐怖であれ、まさにその瞬間、感じるべきものが出てきているので、もう諦めて、それに向かって開くしかないというような感じです。そして、その中でもっと学びたいと思われたら学びのほうに向かうでしょうし、体を休めようと思ったら体を休めるほうに向かうでしょう。でも、それは、**いまここで感じているそれを否定しない**という中で展開していくものではないかと思います。それは、笑いとか、喜びとかと同じように浮かんで、流れて、そして、ある程度の時間で消えていく。その必要のあるもの。そのようなふうにわたしは感じています。

A1

ジュリアン　わたしの場合、恐怖は長い間、宇宙の存在たちの訪れで体験していましたが、当時は、これからは逃げたいと思っていました。その恐怖を体感したくなかったんです。けれども、ワンネスを体験した後では、やはり、その恐怖は思考がつくっているものだということがわかりました。思考が心配や恐怖をつくってくるということには気がつきましたが、思考は思ったとおりにはなりません。ですから、今度は、その体験自体からいろんな学びがあると思って、恐怖や心配を避けるのではなく、逆に両手で抱いて、「この心配はどこから来たか教えて」とか「この恐怖、また来たんだ。いったいそれは、どういう理由で出てきたのか教えて」って思考に聞くわけです。

意外と、思考は、「この恐怖は、幼いときのあのメモリーにまでつながっているよ」とか教えてくれるときもあるんです。「なるほど、あのときの、あの出来事ね。あれが、いまでも自分という大人に影響を及ぼしている出来事なんだ。勉強になったな」と。「じゃあ、これからこのメモリー、この出来事からちょっと距離を置いて、影響が出ないようにしましょうね」と思考に問い掛けるんです。そういう話し掛け、内面的な対話をしながら、心配と恐怖に対処しています。

いまでもときには、心配、恐怖を抱くことはあります。特に、飛行機に乗っているときに恐怖が来ます。そんなときには「また出てきたな」と思って、内面的な対話をして対処しています。

Q2 お話の中でジュリアンさんが「思考と対話する」とおっしゃっていましたが、た

とえば、自分の内側、無意識の部分に問いを投げ掛けると、翌朝、起き抜けに答えが返ってくるというような経験をすることがあるのですが、このような場合、右脳と対話しているのでしょうか、それとも左脳と対話しているのでしょうか？

A2

ネドじゅん　本当に思考、左脳と対話するというようなときもあると思いますし、左脳がいったんその問いを受け取って、きちんと右脳から直観に通してくれて、朝、その答えを与えてくれるというような感じで、右脳を通過して、また左脳が言葉にして与えてくれるというような、翻訳担当の役割をしてくれるときもあると思っています。起き抜けの答えは、右脳的直観です。

　ジュリアンさんがおっしゃっている、左脳に対する対し方は、わたしはすごく独特なものだと思います。つまり、「わたしと思考は別ですよ」ということを思考にも教えていきますし、自分にも教えていくというような、そういう扱い方ですよね。

A2

ジュリアン　そうです。ただ、思考を別の他人として扱いはしているのですが、鏡に映った自分を見ているときのように、相手と自分は実はひとつの存在だともいえますよね。本当の自分は、思考を通して、この三次元を体験するほか方法がないですので。

思考を別の他人として扱うことの目的は、**内面的なスペースをつくる**ということなんです。少しでも客観的な見方をつくるには、対話という仕方は、ものすごく効果がある方法だとわたしは思っています。

Q3

ありがとうのワークをやっているときに、「ありがとう」を言っていると、「ごめんなさい」が出てきてしまいます。ありがとうを広げていくと、自分がすごく自己中心的だったときのことを思い出してしまって、申し訳ない気持ちでいっぱいになります。これについてはどう思われますか？

A3

ネドじゅん　「ごめんなさい」が出てくるのは、たぶん、左脳が参加したがっているのだと思います。それはそれでおもしろいので、「ごめんなさい」も入れてあげてもいいかもしれません。もし、「ありがとう」という感謝の感覚から外れていくようでしたら、「ごめんなさい」はちょっと置いておいて、また「ありがとう」に戻ってあげればいいと思います。あるいは、「ごめんなさい」が出てきて、「ごめんなさい」で何かの感覚が去っていくようなら、「ごめんなさい」も取り入れてあげても全然いいと思います。それは、自分がそのときどういうふうに感じるかで判断されるのがいいと思います。

Q 4

ひとりではなく、誰かと一緒のほうがワンネス体験をしやすいとのことですが、家族や子どもと共にワンネス体験をするなんてこともできたりするのでしょうか？

A 4

ジュリアン　わたしが初めてワンネスを体験したときは、兄と一緒でした。そのおかげで、体験について彼と少しでも話せたので、自分の中で整理しやすかった気がします。

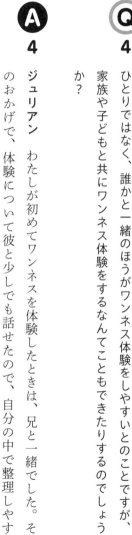

その後、ワンネス体験を誘起したときも、周りの人々との絆が必要だと気がつきました。ワンネスは、ひとりで考え込んで体験するものではなく、誰かと共有する体験で、より深まるものだと思います。だからこそ、日常の中で身近な人と一緒にワンネスを体験するのは、ごく自然なことなのではないでしょうか。

A 4

ネドじゅん　お子さんが小さいとき、何かわからないけれど、お母さんにぎゅうっと抱きついて、抱き締めてくるようなとき。あのときは、心にはワンネス的なものがあるのかもしれないなと思っています。ですから、子どもさんがどのような体験をされるかはわかりませんが、身近な方と一緒に体験するということは起こり得ると思います。

Q 5

目に見えない世界のことは、感覚的に真実であると感じますし、不思議な体験もたまにあります。でも、「そんなことあり得ない」「頭がおかしくなったのだろうか」「踏み込むのは危ないかも」……といった不安に襲われたりもします。この不思議な体験を探求したい気持ちと、それを阻む思考の両方があり、立ち止まってしまいます。周りの人と共有できないし、証明もできない目に見えない世界のことについて、おふたりはどのように折り合いをつけて、信じてこられたのでしょうか？

A 5

ネドじゅん　それはとても正常な、素晴らしい感覚だと思います。むしろ、他者と共有しづらいというその感覚が、自分の中心性を見失わないバランス感覚なのかもしれませんね。わたしはいまでも「わたしってたぶん、アタマおかしいよねぇ」っていう、**笑いの感覚を失わないように**しています。笑いの感覚を持ち続けていることが、自分を中心にいさせてくれる気がしています。

A 5

ジュリアン　不思議な体験は誰でもあると思います。その体験をした自分を信じるかどうか。わたしも思考との内面的な戦いをしてきました。それにもかかわらず、不思議な体験が次々と続き、自分の思考が嫌になるくらいに目に見えない世界が横からちょっかいを出してきているような感じで、いろいろと体験してきたのです。まるで宇宙が自分と遊んでいるのではないかとまで思った時期もありました。

「現実とは何か？」という疑問に対し、自分の気持ちを整理する方法を探すため、人に話しづらい体験を日記に書き始めました。その日記は、不思議な体験だけを記録するもので、日記の中では自由に何でも表現していいと決めたところ、心が解放されるように感じました。

自分の思考が「この体験は現実ではない、受け入れられない」と感じたとしても、不思議な体験を言葉にして書き留めるだけで、思考の常識を超えた出来事を少しずつ整理できたように思います。そして、整理ができたことで、目に見えない世界での不思議な体験が、実はいまの自分にとって必要なメッセージだったと気づくこともありました。

思考が「それは現実ではない」「不可能だ」と勝手に判断していても、**目に見えない世界や宇宙に対して、感謝の気持ちを伝える**ことが大切だと思います。

思考の判断より、感謝の気持ちを先に伝えると、目に見えない世界を心から認識するというメッセージになります。ですから、とても大事です。

三次元を超える世界とのやり取りをするためには、心を通してのコミュニケーションが必要ですので、少しずつこういうアプローチをしていくと、思考の判断は心の動きの後になっていきます。

「不安」や「心配」は未知に対しての思考の反応にすぎないもので、証拠のない妄想の現実にもとづいてつくり上げられたものなのです。

思考がそういった「不安」をつくり上げたときに、「この心配は偽モノだよ！」と頭の中でくり返してみると、三回ほどリピートした辺りで、意外と不安が消えていくのです。

セミナーでもよくお話しすることですが、わたしたちは「思考そのもの」ではありません。わたしたちというのは、この体とこの思考の寿命を超える存在であり、体と思考は道具にすぎないものです。日常生活の中で、思考がわたしたちのために、現実をシンプルな（より簡単な）、そして勝手に好きな形につくる習慣があるのです。

わたしたちがこの三次元を体験するためには、このふたつの道具（体と思考）

が必須です。思考は道具であって、宇宙のことが全部わかるわけではないし、現実の解釈や理解において間違えるときもありますので、思考で解釈された現実だけを完全に信じることはできないと思っています。思考には必ず偏りがあり、思考がつくり出した現実は必ずしも正しいとは限りません。また、思考による現実は一〇〇パーセントの真実ではないということを、自分の思考に伝えることが、思考の学習や成長につながると思います。

「不安」から解放されるために、思考は現実をコントロールしたいという傾向があり、これも思考の大きな間違いだと思っています。

わたしがワンネスを体験したときに見た宇宙は、すでに完璧な形であり、愛で満たされたものでした。何があってもそれは本当の自分の学びにつながるものであり、「不安」を感じるよりも、宇宙への信頼をもち、宇宙と共に歩んでいくのが「自然」だとわかったのです。

思考が想像した現実のバージョンは「不安」につながり、「心の安らぎ」を阻むもので、宇宙の本来の形と一致していないと思います。

また、ほとんどの場合、目に見えない世界からのメッセージや不思議な体験はすぐに理解できるものではなく、しばらくしてから、腑に落ちるものになるかもしれません。ですから、あらゆる物事をすぐ理解したい思考の回転をいったん止めて、「わからなくてもいいよ」とか「後でわかってもいいよ」と思考に伝えると、とても効果的です。

物事を判断するよりも、もしかするとまだ体験したことがないおもしろい将来につながるものかもしれないという考え方をすれば、より幅広く物事を受け入れられるのではないでしょうか。

不思議な体験を宇宙からのギフトとして考え、「感謝」を伝え、言葉にして書き留めること、すぐその場で理解できなくても抵抗しないこと、という方法で三次元と目に見えない世界の間に架け橋をつくることができると思います。ぜひお試しください。

Q 6

おふたりが「いま、自分らしくない」「本当の自分とつながっていない」と感じるときのサインはどのようなものですか？　またそう感じて、本来の自分に戻るときにされることなどがあれば教えて下さい。

A 6

ネドじゅん　自分がワンネス感覚から外れると、胸の辺りに痛みを感じます。結構、鋭い痛みです。そして痛みのあまり投げやりになります。そうなると、「おや、何かおかしいぞ」という直観が働き、少し停止して待っていると、ワンネス感覚が帰ってきます（不思議と、背中のほうからソレがやってきます）。そして「ああ、ワンネス感覚から『個』へ切り出されてしまったのか」と自分で気づきます。

A 6

ジュリアン　「いま、自分らしくない」または「本当の自分とつながっていない」というときはすぐ感覚として感じます。内面的な矛盾が生まれるとともに、体が重くなったり、気持ちが穏やかではなくなったり、喜びを感じて生きることが難しくなります。

どうしてそうなったのか、すぐにわかるときもありますが、そうでないときもあります。そうでないときは、自分への問い掛けを通して、「自分らしくない」ところを探します。思考が教えてくれるのではなく、体を通して、感覚として矛盾を教えてくれる場合がほとんどです。

日常生活の中では体との対話をとても大事にしています。本当の自分（魂？）にとって「いま、ここ」を体験するためには、この体とこの思考はとても重宝するツールです。この三次元の中で本当の自分を正しく表現するためには、このふたつのツールを使いこなす必要があります。

ときには思考のせいで、油断してしまったり、迷ったりするときもあるかと思います。そのときには、自分を責めることも、思考に対して批判することも必要なく、素直に体のほうに優しい声で事情を聞いてみると、より深いレベルでのコミュニケーションが取れると思います。

「いま、どうしてわたしにこんな感覚が起きているのですか？　教えてくれますか？」

質問した後は、何も考えないで、自分の内面を観察して、じっとしています。すると、そのときに言葉や思いなどがイメージとして浮かんでくることがあります。そこで体感した「感覚」を体に聞いてみると、とても詳しく教えてくれます。

原因が見えてくると、「自覚」できることにより、本来の自分に戻るのです。

つまり、「自分らしくない」ときの原因をジャッジしないで、ただ見えてくることを受けとめるだけで本来の自分に戻ることができます。

「自覚」できない場合は、問い掛けを通して、方法を体に尋ねます。「本来の自分に戻るためにはどうすればよいですか？」と軽く聞きます。答えはイメージやアイデアや言葉や感覚として現れてきます。または、その日の夜に夢の中で答えが出てくる場合もあります。

こうやって、自分はなぜ「自分らしくない、いま」を体験しているのかという理由から、本来の自分に戻るにはどうしたらよいのかという方法まで、思考を超える次元からヒントを得られるのです。

わたしはこの方法を「宇宙との対話」と呼んでいます。

Q 7

占いについて、どう思われますか？　また、ご自身の占いをしてもらいたいですか？

A7

ネドじゅん　実は昔、占い師の仕事をしていたことがあります。とても好きでした。タロット、ルーン、その他なんでも、象徴と触れ合う時間を楽しんでいました。ですから、家にたくさんの占いツールがありますが、右脳中心の意識に帰ってからは、一度も手に取ることがなくなりました。
　未来という概念が、必要ではなくなってしまったのです。

A7

ジュリアン　わたしは「占い」という将来の出来事や運勢がわかる方法は使っていません。それより、自発的に宇宙との対話を通して、「いまここ」の課題をより理解できるように問い掛けをしています。「**天は自ら助くる者を助く**（God helps those who help themselves)」という名言をご存知でしょうか。わたしはこの考え方が好きで、将来のことを悩むよりも、自身が創造者としてこれからどんな将来をつくりたいのかを先に考えてみて、自ら行動するようにしています。その想像した将来にまでたどり着く道をつくることが、ひとつの楽しみです。
　想像したとおりにならないときも多く、期待はずれの結果になることもありますが、そんなときはそうなることが楽しいと、何度も体験して気がつきました。わたしは「これからどうなるか」を知りたくない派です。「いまここ」を大事にしたくて、日常生活の中では宇宙との対話を大切にしています。

宇宙との対話のやり方はいろいろありますが、その中のひとつ、「光のカード」というフランスの自己啓発的な方法をたまに使っています。フランス語では「Les Cartes Lumière」というもので、タロットカードのように思われるかもしれませんが、将来のことよりも「いまの自分」についてより深いレベルでの理解を促すためのカードです。それを使い、昨年より個人セッションをお受けしております。

Q 8

右脳回帰したときのシーンとした状態が本当の自分であるなら、本当の自分は言葉をしゃべらないのではないかと思います。それならば、ワンネス体験をして「ウワー」と声をあげたりするのは、思考を使って後付けで言葉を発し、後付けで感じているのではないかと思いますが、おふたりはどのように思われますか？

A8

ネドじゅん　わたしは、脳の中、頭の中で聞こえる声は完全になくなりましたが、それを言葉なしで、胸の辺りで扱うようになっています。後付けではなく、その場の感情や感覚なのですが、胸の辺りで感じています。でも、誰かに後で説明するときは、それらしい言葉に変換しているのかもしれませんね。

A8

ジュリアン　わたしの場合、ワンネスを体験したときに「ウワー」と声をあげたかどうか、覚えていませんが、ワンネス体験の始まり頃に、感動で胸があまりにも愛でいっぱいになったときに、「神よ！」みたいな感動の発言はしたと、いまだにはっきりと覚えています。その後は、言葉を発することは一切なくなり、ひたすら、ワンネスの状態でした。

ワンネスの状態の中で、物事にラベルを付けようとしたり、何かを判断しようとすると、すぐ日常に戻ってしまうということを何度も体験しましたので、言葉をできるだけ使わないようにしました。自分の思考を静かな状態に保つのがキーだと理解してからは、できる限りそうしようと試みました。

本当の自分の発言は言葉を超える次元のものだと思います。ただ、本来、わたしたちの思考は、本当の自分を言葉にする役割もあるのではないかとも思っています。

ですので、言葉があったかどうかという区別よりも、本当の自分から伝えられた感覚やインスピレーション、メッセージが、思考による偏った判断や評価をされずに、ちゃんと三次元の世界まで言葉を通して伝えられたかどうかのほうがより大事ではないかと思います。もともと、思考の役割のひとつは、本当の自分の声の代わりになることだと思うからです。

Q 9

ワンネスからみるパラダイムシフト、パラレルワールドについて、わかりやすく教えてください。

A 9

ネドじゅん　わたしは、パラダイムシフトは、色の感覚で見ているような気がします。ワンネスという場の中で、色がカラフルに燃え上がるように見える辺りが、この世と反応し合ってシフトが起こっている場だと感じています。パラレルワールドは、ワンネスの見ている別の夢、だと感じます。その夢を見ている夢主は同じなんです。

A 9

ジュリアン　まずはパラダイムシフトから説明させていただきたいと思います。

パラダイムというのは「考え方」または「固定観念」という意味、シフトとは「変化」という意味で、パラダイムシフトとは「見方が変わる」または「価値観が変わる」ということを意味している言葉です。

パラダイムシフトの現象は個人のレベルでも、集団のレベルでも現れるものです。わたしたち個人としての「現実」の理解、考え方は、わたしたち自身の人生のさまざまな出来事によって形成されています。国籍、教育、文化はもちろん、友情や受けた愛情などもわたしたちの固定観念に大きく影響します。

その結果できた固定観念は、わたしたちの「現実の見方」を形成して、日常の生活にまで影響を及ぼすものです。できあがった固定観念によって、現実との向き合い方は、人それぞれ多様であると想像できます。集団のレベルで、たとえば、ひとつの国や社会のレベルでも、その国や社会の集合意識として、パラダイム（固定観念）から同じような現象が起こります。「シフト」、つまり、変化が起こるときに、固定観念が新しくなります。いままでの考え方でずっとこれから将来も生活できるわけではないと多くの方が感じているかと思います。ときには「固定観念の更新」が必要なときがあり、そういう時期を「パラダイムシフト」と呼びます。

パラダイムシフトはある出来事によって起こるのが一般的で、社会や国のレベルにおいては、二〇〇一年九月十一日の米国同時多発テロ事件が一例でありまず。突然、別世界に入ったかように、世界のレベルでのパラダイムシフトが起こり、以前の考え方が適切ではなくなり、次の時代が始まった感覚がありました。

個人のレベルでは、期待されなかった出来事や、ショックを受けたとき、わたしたち個人の反応としてパラダイムシフトが引き起こされるきっかけになります。こういうことを「気づき」と呼んでもいいかと思います。

わたし自身は、日常生活の中でこういった「気づき」をとても大切にしています。自分の固定観念を新しくすること、されることによって、今世における人間的な体験が、より豊かになると信じていますので、「気づき」を通しての個人のパラダイムシフトを、自分としては歓迎しています。

次に「パラレルワールドとは何か？」わたしの理解の範囲で簡単な説明をさせていただきます。

わたしたちの世界と同時に存在している異なる世界のことを想像するという認識で間違いないでしょうか。量子力学的な見方からしますと、ひとつの世界が無数の並行的世界に分岐していることで、各世界はひとつの可能性（または可能な結果）にもとづいて、生み出された現実です。頭の中ではすこし想像しがたいものですね。

「すべては可能である」という考えのもと、それぞれの人が自分の考えを実現できていて、それぞれに違う世界がつくられていると想像してみてください。無数の世界がつくられているというイメージです。わたしたちひとりひとりが日常生活の中で決めるどんなに細やかなことからでも、新しい現実が生まれているということです。

量子力学の説明によりますと、**わたしたちひとりひとりは創造者であり、**

意識から現実をつくっている命の主人公であるということです。わたしたちは日常生活の中で常にいくつかの可能性と出会い、その中のひとつを選択し、この選択にもとづいた結果から新しい現実が発生しているという流れです。

こういうふうな考え方をしますと、わたしたちひとりひとりの選択がどれだけ力を持っているのか、そして「すべては可能である」ということが、どれだけ大事な考え方なのか理解できると思います。

「**すべては可能である**」と「**自分の選択によって現実が形成される**」というふたつの概念を日常生活の中で大事にしながら活かせると、命の主人公として「想像力」と「創造力」で、いまここを楽しむことができると思います。

ここまでは量子力学から見たパラレルワールドの説明でした。次に、わたし自身のワンネス体験にもとづいたパラレルワールドの説明をします。

宇宙は波動の周波数によって複数のレイヤー（層）を持っている、「玉ねぎ」のようなものです。わたしたちひとりひとりが存在として特定の周波数で生きているのです。その周波数は「玉ねぎ」、つまり「現実」の一枚のレイヤーであって、周波数を変えますと違う現実のレイヤーを体験できるのです。

人間、あの世へ行かれたご先祖さま、守護霊たち、宇宙の存在たち、わたしたちみんな同じ宇宙を同時体験しているにもかかわらず、違う周波数、つまり、違う角度から見た同じ宇宙を生きています。

相手の周波数に合わせると相手とのコミュニケーションも可能になります。身近に感じる友だちと久しぶりに再会するときのように、同じ周波数を持っている存在に会いますと、時間の流れが止まっていたかのように話が自然と流れていき、話さなくてもすぐ理解されるというようなことは、誰でも一度は体験したことがあるのではないでしょうか。

同じ周波数（玉ねぎの同じ層）に属する存在たちと、時空（タイムとスペース）を超えて常につながっている存在があり、その間で自然に情報が交換されています。わたしはこの現象を何度も体験しました。宇宙の存在たちとも、あの世へ行かれたご先祖さまとも、自分や他人の守護霊ともです。こういった存在たちとコミュニケーションを取るためには自分の周波数と相手の周波数とを合わせる（チューニングする）だけです。

Q 10

『ワンネスの扉』を読んで一番心に残ったのは「スピリチュアルな世界や宇宙のどこかへ行くことよりもっと重要なのは、目の前にいる人を大切にし、ふだんの日常生活を大切にすること」という文章でした。おふたりがふだんの日常生活を大切にするうえで心掛けていることがあれば、お教えください。

A 10

ジュリアン　『ワンネスの扉』をお読みいただきありがとうございます。

日常生活は本当の自分にとって最も大切な勉強の土壌だと感じています。日常生活の中では、「いまここ」をとても大事にしています。「いまここ」という三次元の中では、宇宙のすべてとつながっていると実感ができ、本来の自分として生きることができる状態だと信じているからです。

「いまここ」を生きるためには、日常生活の中で「感謝」の表現がとても大切です。「感謝」という言葉には力があり、「いま」という素晴らしい瞬間を上手に体験するためには、必要不可欠な表現だと思います。そして、「感謝」を表現することによって、日常生活の中での美しさに感動する心を育むことができるのです。

わたしは仕事でもプライベートでも、よく旅をしています。どんな国にいても、美しさに囲まれているという視点を持ち続けるようにしています。そうすることによって「感謝」する場面と「感動」する場面が同時に増えていきます。「感謝」とそれにつながっている「感動」は、日常生活の中での宝石の輝きのようなものです。「感謝」と「感動」に共通している漢字「感」は、「心の動き」を表しています。心が動く生き方は、より宇宙のリズムに沿った生き方ではないかと思うのです。ですから、日常生活の中でできるだけ「感」を多くしようとしています。感謝、感動、感激、感情、感心、感想、好感、共感というような感覚を日常生活の中で、さまざまな形で活かそうとしています。

素直に子どものような好奇心を保つことも、自分の感情や感想を言葉にすることも、相手のことを理解し共感を持つことも、喜びを表現することも、そのすべては「いまここ」を生きるためにはとても大事なきらめきだと思います。

ワンネス体験から見た宇宙は美しさであふれていたと心に刻まれましたので、できるだけこの視点で日常生活を楽しんでいます。

A10

ネドじゅん　日常生活では、五感がいま感じている感覚世界の中にいようと心掛けています。街なかにいるときは、店員さんなど目の前にいる人に、何か少しでも力を差し上げられないか、相手を褒めることができないか、虎視眈々と探しています（笑）。

Q 11

「いまのありのままの自分をそのまま認める」ことと、「何かにチャレンジしたり、頑張ってみたりという経験をするためにこの三次元の世界にいるのだ」ということ、このふたつがいつもぶつかります。頑張らなくていいよ、そのままでいいよと自分に言ってみても、この生きている世界では、つい、このままでいいのかな？と思ってしまいます。この感覚について、おふたりから何かご意見があればお願いします。

A 11

ネドじゅん　だいたい、頑張りすぎているので、わたしもヘタです。そのストラグル（ジタバタ奮闘）そのものを、シリアスに捉えず、笑っていられればいいのではないでしょうか。あとは「死んじゃった後で、後悔するのはどっちの道かな」ということを、常に道しるべにしています。

A 11

ジュリアン　ありのままの自分を認めることで、自分を責める必要がなくなるのですから、この自分でいいと思えるようになりますと、どんな困難でも乗り切ることはできるとわたしは思います。

ありのままの自分という存在は、自分からのジャッジから解放された本当の姿の自分ですので、より自由に生きることができるのです。この三次元の世界の中ではより自由に動く、生きることがとても重要なことだと思います。

そもそも「頑張る」という言葉は、どういう意味でしょうか。自分を完全に忘れてある目的に向けて無理に動くことなのか？　働くことなのか？　そうではないと思います。

ありのままの自分を認めることで、自分とは誰なのか、どこへ向きたいのかもよりはっきりとわかります。その自分がやりたいことを一歩ずつ具体的にやっていくと、そこからだんだん自分らしい生き方ができるようになります。

具体的にやりたいことをやろうとすると宇宙は味方になってくれます。

「頑張る」必要があるかどうかは置いておいて、まずは自分がどんな方向に向かってこの人生を歩んでいきたいのかを、ビジョンとして形にしてみてはいかがでしょうか。

Q 12

既存の宗教を見ると、神さまや仏さまでさえも分離しているように思えます。地球上でワンネスの意識が進めば、宗教や宗派といったものはなくなっていくのでしょうか？

A 12

ネドじゅん　宇宙・銀河群・銀河系・太陽系・惑星……というふうに、ミクロにもマクロにも構造があります。意識というものにも、同じように構造があるんだと思います。わたしたち個の意識が、多数でまとまって統合された智性・聖性が、神さまや仏さまとして存在しておられ、それゆえにさらに大きな統合体がおわすことを、想像することができます。それはワンネスへ還るための通路のように、わたしは感じています。

A12

ジュリアン　おもしろい質問ですね。

わたしたち人間の社会では、宗教や宗派というものは、神さまや仏さまとの交流のひとつの手段にすぎないものです。人間の歴史と文化、また精神的な必要性に応じて生まれてきた宇宙の祀(まつ)り方だと思います。どの宗教、宗派が一番正しいかということではなく、神さまや仏さま、つまり、人間という体験を超えた存在たちと交流するときに、宗教や宗派を通して話し掛ける必要があるのかと疑問に思います。ワンネスの意識が進めば、物事の「形・表面」よりも「内容・中身」のほうが大事になってくるのです。

結果、宗教や宗派の境目や枠組みはより柔らかくなるのではないかと思います。宗教の存在理由は「神さまとのご縁」を保つためのひとつの方法、ツールのようなもので、どんな形でも大いなる存在との交流を大切にすれば、それでよいのではないかと思っています。

Q13

一瞥体験（ワンネス体験）は求めれば遠ざかる、必ずしも必須ではないなどといわれることもありますが、個人的には、体験をしたほうがわかりやすいのではないかと思っています。真実の扉を開くことと一瞥体験（ワンネス体験）の関係について、どのように考えていらっしゃいますか？

A13

ネドじゅん　一瞥体験は、わたしは「向こうから呼ばれて起こるもの」だと思っています。それは確かに理解が一気に進みますし、当人にとっては実体験なので忘れられません。けれども、それを外側の世界に求めていると、内側の世界（神経の感じている、いまここの世界）から外れっぱなしになってしまいます。意識が、真に安定してつながることのできるワンネスは、体の内側の世界・神経を通じた細胞の感覚の世界にあると、わたしは感じています。細胞はワンネスそのものです。目もくらむような、はしゃいで踊っている光の子どもの群れ、みたいな意識なんです。

A13

ジュリアン　興味深い質問ですね。ありがとうございます。

まずは「一瞥体験（ワンネス体験）は求めれば遠ざかる」についてお答えさせていただきたいです。

ワンネス体験は残念ながら思考が望むように体験できるものではありません。なぜかといいますと、思考から離れた場で起こる体験だからです。ワンネスを体験したいのであれば、思考から離れた意識状態を誘起することが必要です。

方法はさまざまあります。とりあえず、「夢中な状態」を目指せばいいのです。夢中な状態は思考で体験するのではなく、心で「いまここ」を体験する心の持ち方だからです。

そして、わたしたち人間の社会の中では「自分」を意識の原点として考えることが一般的ですが、実はそこまで「自分」を重視する必要はないと思います。その「自分」はただの妄想であり、わたしたちはひとつの存在であることに、ワンネスの体験から気がつきました。

宇宙は大いなる存在であり、たくさんの違う角度から「人間」という体験を同時にしている壮大な命です。思考では、どうしても想像できないような現実です。それでいいのです。「現実とは何か？」または「真の現実とは何か？」という問いの答えは、わたしたちの思考では把握できないものです。いくら考えても、答えは見つからないのです。それを知ることが、ワンネス体験を通じて得た大きな学びのひとつでした。

本来の現実は「人間」という個別の存在を超えたものです。ですから、宇宙のレベルで現実を見分けることができるかというと、実は本来の現実とは、物事を切り離して見分けることではないのです。実現されていることも、まだ実現されていないことも、過去や現在、未来を問わず、これらがすべて同時に見えることが、ワンネスで体験した真の現実です。とても素晴らしい体験でした。『ワンネスの扉』に書いたように、ワンネス体験の現実と日常生活の現実とがあまりにも正反対で、どちらが真の現実なのか、一時的に戸惑いました……。ただ、先に書いたように、「ワンネス」とはすべてがひとつであり、区別する必要がなく、むしろすべてがつながっているということです。ですから、自分が生きている現実も、真の現実の一部だと考えてよいのではないでしょうか。

Q14

ワンネスの世界では「死」はないといわれますが、おふたりは大切な家族やパートナーが肉体の死を迎えたとき、どのように捉えられるのでしょうか？

A14

ネドじゅん　九割ぐらいは、ショゲショゲにしょげて、涙にくれて生活すると思います。それは、未来を思い、未来に期待をしていた左脳の意識の部分です。そして一割は、変わらず相手とつながっている内なる感覚を、じっと見つめていると思います。

先日、スーパーで買い物をしているとき、広いスーパーのあちこちに、亡くなった身内のご先祖が楽しげに買い物をしている幻想を見ました。わたしと彼らのつながりの部分が、相互に投影して、そういうシーンを創り出したのだと思っています。わたしが幸せだと、ご先祖も幸せなのだな、と感じました。

A14

ジュリアン　最初はショックで言葉にできないほどの悲しみに襲われると思います。しかし、どんなときでも、まずは「感謝」の気持ちが大切ですので、大切なパートナーや親戚があの世へ旅立ったとき、これまでお世話になったことへの感謝を伝えることで、心のつながりを保ち続けることができるのではないでしょうか。そして、向こうは愛の世界ですので、愛の言葉でしたら、必ずその言葉が届くと思います。

亡くなられた方は、この人生の範囲での「契約」を満たしたということで、あの世に旅立つことになったのです。もっと長くいてほしかったという気持ちもあるかと思います。それは「愛」のひとつの表現で、この世とあの世の境界線を渡って、大切な方に伝えるとよいと思います。

ただ、そうする際には「戻ってください！」や「そばにいてください！」という個人的な欲求にもとづいた表現ではなく、「あなたはわたしにとって大切な存在です！」という**純粋な愛の表現を、現在形で伝えること**が大切です。

あの世から見ると、過去、現在、未来という区別はない次元ですので、現在形で話しますと、心から心までの意思疎通、つまり「以心伝心」ができます。

体を超える「永遠のいま」の次元（つまりあの世のこと）では、「ご縁」を喜ぶことが、宇宙の果てまで響くほどパワフルなものですので、今世を超える大切な家族やパートナーとの絆をこれからも大切にしたいと思っています。

Q15

子どもの頃の一時期、ネドじゅんさんが「覚醒の瞬間」として説明されていたのと同じ体験を何度かして、とても怖かったことを覚えています。なぜ子ども時代にあのような体験をしたのか、あれは何だったのかと、いまでも不思議です。おふたりに何かご意見があれば、お聞かせください。

A15

ネドじゅん　きっと、魂の計画の上で、それを設定してこられたのではないでしょうか。人生の中での印象的な体験は、計画なんだと思っています。持って生まれてきた箱のフタを開けていくような体験です。

A15

ジュリアン　こういったような意識変容という「覚醒の瞬間」は、思考から見ると突然の出来事に感じられるかもしれません。しかし、本当の自分から見ると、それはそのときに必要とされていた体験で、子どもの頃にこういう体験をしたことは、大人になってからの自分にも影響を及ぼします。

わたしも子どもの頃、そして、十代のときにも、たくさん不思議な体験をしました。大人になってからこうした体験をしたほうが、より理解しやすいのではないかと思ったことがあります。また、大人だから怖がることもないだろうと思っていましたが、実際はそう簡単なものではありませんでした。

もし子どもの頃にそうした体験をしていなかったら、いまの自分はまったく違う人間になっていたでしょうし、歩んできた人生も大きく異なっていたと思います。子どもの頃に不思議な体験を重ねたからこそ、大人になったいま、より広い視野と可能性を持った意識を持つことができるようになったのだと感じます。いくら怖かったとしても、こういう体験は真の自分として生きるために、不可欠で重要なステップだったと感じています。

ＵＦＯを目撃してから宇宙の存在たちとの交流、さらにはワンネス体験まで、どれもひとりではとても耐えられない体験だと感じていました。怖くて眠れないときもありましたし、誰にも話せない体験で、自分の頭がおかしくなったのではないかと徹底的に自分を疑い、何回も自分の内面的な安定を失ったときもありました。

それでも、時間が経つにつれて、こうした体験のおかげでいまの自分がいるのだと感じられるようになりました。さまざまな体験をすることができた、いや、むしろさせてもらった結果、より強く、確固たる内面的な安定を得られたのではないかと思っています。

「覚醒の瞬間」をスムーズに受け入れるためには、時間と心の準備、そして心の余裕が必要なのではないでしょうか。

わたしはより豊かな人生につながる「覚醒の瞬間」をこれからも大事にしたいと思い、「気づき」の日記を書き始めました。日常生活の中で生まれたどんな小さな「気づき」や「覚醒」でも書き留め、宇宙へ感謝の言葉を伝え、最後にその場で受け取ったインスピレーションを書き留めます。

この三つのステップを実践することで、「気づき」や「覚醒」がより自分のものになりやすいと感じました。ぜひ試してみてください。この「気づき」の日記は「宇宙ジャーナル」と名付けて刊行しております。

Q16

昨日めちゃくちゃ不愉快なことがありました。左脳の声がうるさくて止まりません。こんなわたしを宇宙はどう見ているのでしょうか？

A 16

ネドじゅん　すごいなぁ、個ってこんな体験ができるのか、と感嘆しつつ、燃えるような愛で見つめていると確信します。その愛に向かって「苦しいです。お手上げです。自力では無理です。助けていただけませんか」と本気でサレンダーするチャンスですね。

A 16

ジュリアン　宇宙はわたしたちをジャッジする存在ではありません。逆にわたしたちの成長のために永遠のサポートを提供してくれる壮大な存在ですので、思考（左脳の声？）が止まらなくなったときは、まずは宇宙に直接、話し掛けてみてはどうでしょうか。

どんな大変なときでも、「感謝」の気持ちを伝えて、**宇宙に相談してみる**のがよいと思います。わたしはよくそうします。宇宙に直接、ヒントやアドバイスを尋ねてみます。

また、体を通して思考を落ち着かせる方法もあります。体を動かすことはとても効果的な方法で、どんなに思考の声がうるさくなっても、一〇～三〇分間ぐらいの軽い運動で、内面的な安らぎが得られると思います。

本当の自分はこの思考ではない、この思考とこの体を超える存在であると、自分にリマインドすることもとても大事だと思います。

Q 17

親から愛されるという体験がなく、自分は「かわいそうな被害者」だと思い込んで生きてきましたが、ふとそれを疑う視点を持ったときから、自分自身も他者にかなりひどいことをしてきた加害者であることに気づきました。過去の自分の過ちを思うと苦しみにはまりそうになります。何かアドバイスをお願いします。

A 17

ネドじゅん　その体験や発見の全部を、個を超えて「ぜんたい」がやっているのだと、視野を大きくしてみてください。世界中に同じような体験をいま、している人が大勢います。この世に体現されている巨大なドラマです。被害者／加害者のぜんたいのドラマの、その一部分を引き受けて、癒やしにきた癒やし手があなたなんだと想像してみてください。引き受けた分のドラマを、ただ抱きしめて、「受け取っていますよ」「完了しましたよ」と言ってください。そして、これからはご自身の一人称を、加害者でも被害者でもない、引き受け役の「癒やし手のわたし」にしてください。

A 17

ジュリアン まずは、そこまで自分のことを理解できるようになったことは素晴らしいことです。そして、「ネガティブなこと＝悪いこと」ではないということを理解してください。ネガティブな思いから学びがたくさんあるからです。過去の出来事があったからこそ、いまの自分をより理解できるようになったのは確かで、これからは同じような行いをしないと選択することにつながると思いますので、そこがとても大きなポイントではないかと思います。

ネガティブな体験をプラスに変えるには、「この出来事から何を学べるだろう？」と自分に問い掛け、じっくり考えて気づきを得ることが大切です。気づいたことをいまの自分に活かすことで、ネガティブな出来事も自然と良い流れへとつながっていきます。

自分を許し、これからどんな自分になりたいのかを想像してみましょう。理想の自分を思い描き、その姿に向かってエネルギーを注ぐことで、より充実した幸せな人生へとつながっていきます。

過去は変えられませんが、いまこの瞬間の選択しだいで、未来の形は自由に変えていくことができます。だからこそ、「いま、この瞬間」を大切にしながら、自分らしく過ごしていきましょう。

Q18

ワンネスを体感するためには何が必要だと思われますか？　また、最初にワンネスを体感したときといまでは感じ方が変わりましたか？

A18

ネドじゅん　一瞥体験は、向こうから呼ばれて起こるもの、だと思っています。ワンネスに向けて歩んでいく方法は、**感謝と愛を体現していくこと**だと感じます。ただ心で思うだけではなく、実際に行動で体現していくことです。結構、シンドイです（笑）。だから無理しないでいいんじゃないかと思います。

ワンネスを最初に体験したとき以来、この世界は一秒間に何回も、現れては消えてをくり返しているんだなという理解があります。だから「いましかない」とわかり、未来に関心がなくなりました。

A18

ジュリアン　初めてワンネスを体験したときに、それが「ワンネス」であったことさえわからなくて、そして、この体験を言葉で説明することは不可能だと思いました。

あれから『ワンネスの扉』に書いたように、実は、この体験をたくさんの人々がしているということがわかり、また、この体験のおかげでわたしの人生は一八〇度変わりました。ワンネスを体験する前の自分には戻れない、別人になったといっても過言ではありません。

昔の自分といまの自分は、根本的に違う価値観と物事に対する見方を持っていると認識しています。そして、最も重要なのは、ワンネスを体験した結果、いまの自分は、物質次元を超える見方を持っているということです。そういった見方は三次元を超える見方であり、今世、つまり時空を超える見方といってもいいかもしれません。

「ワンネスを体験するためにはどうすればよいですか」というのはよく聞かれる質問です。ワンネスという意識を体験するためには、日常生活の意識からちょっと離れた意識状態に入る必要があります。その意識状態とは、**何にも考えないで「いま」という瞬間にひたすら集中する**ことから生まれる状態です。

こういう状態に入るためには、方法がたくさんあります。瞑想はそのひとつ、坐禅（座って行う禅のこと）もそうです。

わたしの場合は、クラシック音楽を聴き、他人と深い共感を保ちながら、思考をいったん止めることによって、ワンネスの状態に何度も入ることができました。詳しくは『ワンネスの扉』の中の「ワンネス」の章をお読みください。

ワンネス体験は「いま」を深く味わう体験ですので、過去や未来に関する思いから一切離れる必要があります。そのためには、**自分の思考の傾向をより詳しく知る**必要があります。自分の思考のパターンをつかむことができたら、思考を止めることがしやすくなります。

最初にワンネスを体験したときと最近のワンネス体験には、大きな差異があります（詳しいことは『ワンネスの扉』に書いたとおりです）。最初のワンネスは短い間の素晴らしい体験で、その後はより深く長くなったことに伴って、いま生きている人生に対していろいろと俯瞰できる立場となり、学びがたくさんできるヒントをいただく体験となっています。

ワンネス体験は、まるで人生の速修講座のようです。「生きるとは何か？」について短期間でたくさん学ぶ方法のひとつだと思います。

Q19

苦手な人と接するときでも、ワンネス状態でいることは可能ですか？

A19

ネドじゅん　個人的体験で申しますと、最近は可能です。背中のほうから無限の愛がぶわーっとやってきて、勝手に愛の暴風状態になって、相手からの影響を吹き返しているみたいです。

A19

ジュリアン　苦手な人と接するときは、まず、この相手は違うバージョンの自分であると思いながら接しています。どれだけ相手が自分にとって苦手な人であっても、わたしたちは皆、いまここ、この人生を通して人間の勉強をしていることと、お互いの体験はお互いの学びにつながり、もしかすると自分にとって苦手なこの人にいろいろ教えてもらえるかもしれないということもあり、それらを心に焼き付けて接しています。

ただ、相手のことを「苦手」として判断するよりも、もしかすると自分の中で偏ったところがあるのではないかと、**自分の心の動きを観察する**習慣のほうを大切にしています。

できるだけ中庸な立場で物事と人を見ることがどれだけ大事であるか。それが、ワンネス体験から得た大きなひとつの学びだと感じています。もちろん、「言うは易く行うは難し」といわれるように、簡単なことではないですが、毎度、自分の心の動きを観察することによって新しい学びができていると思っています。これも日常生活の中でのひとつの楽しみです。

おわりに――心を羅針盤にして

ジュリアン・シャムルワ

「ありがとう」とは何か、今回の訪日の際に改めて深く考えるよい機会になりました。

フランスに生まれたわたしですが、幼い頃からなぜか日本に興味があり、できるだけ日本を身近に感じたくて、十四歳で日本語の勉強を始めました。

当時は「話せるようになれないだろうな」と思いながらも、ダメ元で、ひらがなやカタカナ、そしてフランス語の文法とはまったく異なる日本語の文法を学びました。その未知の冒険のような過程で、一歩ずつ進む度に新しい世界が広がり、楽しい「勉強」というよりも、「趣味」として続けてきました。

基本的に「趣味」とは楽しみとして愛好することであり、思考よりも心が動き、思考が心に従うという心の持ち方であると理解しています。そのような心の持ち方があるからこそ、可能性は無限であるとわたしは信じています。

ほぼ二十五年前、フランス・パリで日本語能力一級を合格したときの喜びが、いまだに心に深く残っています。日本の文化の一部でも身に付けることができたことで、幼い頃から身近に感じたかった日本が、わたしの一部になったという漠然とした感覚を覚えました。

その先、日本語をどう活かすのか？　仕事に使うか？　趣味として楽しむのか？　よく尋ねられる質問に対して、どう答えるべきか戸惑っていました。特定の目的で日本語を学んだわけでもなく、いつか日本に住むためや、仕事に向けて勉強したわけでもありません。なぜか日本語を通じての「日本とわたしの間のラブストーリー」であるような感覚があり、思考よりも心を羅針盤にする道を選んだと感じています。

とりあえず、この道を歩むと胸が熱くなると感じ、人生をより濃く味わえると実感したため、この不思議な「趣味」を続けました。

よく「この勉強の仕方は独学だ」と言われますが、実際はそうではないと思います。神経学で明らかになったことですが、脳の働き方はわたしたちが想像するような引き出しによる整理整頓ではなく、「コネクション」をつくりながら情報を整理するのです。過去の体験が記憶になる際、そのときに聞いた言葉や見たものは、脳にとって将来活かせる情報です。特に言葉の場合、発音や文法などを徹底的に学ぶ前に、子供の頃、暗黙に文章の作り方を自然に覚えるプロセスがあるのです。お母さんの言葉や、見聞きした文章、日常生活で得た情報がそのまま身に付きます。思考を通して説明されることなく、その瞬間その瞬間、体験したことが学びにつながり、ほとんど無意識のプロセスで進んでいるのです。

趣味でやっていることも同じです。あまり考えずに、ただひたすら楽しく取り組んでいるため、無意識のうちにいろいろと学べるのです。

わたしは教科書に向かって日本語を勉強したわけではなく、この趣味のために費やした時間の九割は、人々と関わることに使いました。日本から来た人々とお会いし、一緒に食事したり、意見を交換したり、お互いをより理解するためにお話しする時間を大切にしてきました。

実は、話せるようになるまでの間、わたしは、会話中のほとんどで聞き手に徹していました。相手の伝えたいことを理解するために、ひたすら耳を傾け、自分の思考を静める努力を重ねてきたのです。

文法を言葉で説明されても理解できないことがよくありました。どうしても理解したいと強く思い、思考がどれだけうるさくなっても、その場ですぐ理解するのが不可能なときもありました。

どんな教科書でも、言葉だけでは説明しきれない文法もあると思います。そういうときは、観察と共感を通して、思考ではなく心で理解するしかないと感じます。同じ状況をくり返し観察していくうちに、いつか必ず思考を超えた理解が得られるということを、わたしはいままで何度も実感しました。

これまでにフランス、日本、アメリカ、カナダ、オランダ、ドイツ、イギリス、台湾などで出会った日本人の方々のおかげで、いまの日本語力があると強く実感しています。彼らとお話しすることで、新しい視点を得るとともに、新しい自分を築き上げることができたと思います。

いま、わたしが使っている日本語のひとつひとつの言葉に、人とのご縁が生きていると感じています。あのときの笑顔、そのときの笑い、いまの楽しさ。この感覚が、あのときの皆の記憶とつながって言葉の中で輝いているように感じています。

「ありがとう」とは、まさにこういうことではないかと感じます。

わたしたちはつながり合っています。脳の中では情報が結び付き、自然の中ではすべてが関係し合い、宇宙では惑星同士が互いに影響を与え合っています。わたしたちは、こうしたつながりの中で生きているのです。

今回、フランスを旅立ち、アメリカ経由で日本を訪ねて、参加された皆さまと一緒に感じたことはとてもパワフルな喜びでした。この喜びの力で、何でも可能だろうなとその場で感じました。

なぜかと言いますと、わたしは喜びの力で動く人間です。

セミナーやワークショップのときによく言うことですが、わたしは自分の思考がほとんどの場合、間違っているとわかっています。思考が想像したとおりにならないことがほとんどで、ときには大間違いもするので、残念ながら自分の思考を信用できないと自分によく伝えます。

結果として、わたしの生きるスタンスは「とりあえず思考が間違っている」ことになってしまい、そうしますと、心配や恐れ、うつやダウンのときは結構少なくなりました。逆に新しい物事に対しての好奇心や関心がアップされ、「やってみないとわからない」という態度でいろいろとチャレンジする生き方になりました。

思考の扱い方はとても大切なことです。もし学校に「思考の教育」という科目があれば、わたしたち人間はもっとスムーズに人生を体験できるのではないかと思います。

わたしたちが進化するというのは、体の進化だけでなく、その根本にあるのは「意識の進化」だと思います。物事の形そのものよりも、その背後にある思いや意図のほうがはるかに大切だと感じます。この考え方は、「遺伝子スイッチ」で知られる村上和雄先生の研究ともつながる概念だと思います。

すべては意識から始まります。それは宇宙の存在たちからのメッセージでもあり、臨死体験をされた方々も同じことを悟るのです。アニータ・ムアジャーニさんはその有名な一例でもあります。

彼女は、余命宣告を受けた重篤な癌患者でした。二〇〇六年、昏睡状態で臨死体験をし、そのときに無条件の愛と自己価値を深く理解する瞬間を体験したと言います。この気づきにより、自らの恐れや否定的な感情が病気の原因と悟り、奇跡的に回復ができたのです。たった数週間で癌が完全に消失し、医師たちを驚かせました。

「死を恐れる必要はない」というメッセージを伝え続け、著書『喜びから人生を生きる！臨死体験が教えてくれたこと』（ナチュラルスピリット）で愛と自己受容の大切さを広めようと、多くの人に希望を与えている方です。

臨死体験とワンネス体験は同じ体験だと思っています。一時的に「源」に戻り、「意識」と「愛」の力についてリマインドされることがこの体験の目的だと思います。そこで内面的な「愛」を育て、何があってもまずは「愛」から行動するとすれば、何の恐れも必要ではないのです。

今回、ネドじゅんさんとの対談では、皆さまから発せられた周波数に心が満たされ、愛と喜びで深くつながることができました。本当に楽しい時間を過ごし、エネルギーの循環とはこういうものだと思いました。

改めて、この場を借りてイベント参加者の皆さま、読者の皆さまに心から感謝申し上げます。

これからも一緒に光の存在として輝きながら、この人生を歩んでいきましょう！

著者紹介

ネドじゅん

大阪出身、昭和40年代生まれのオカン。イラストレーション、広告デザイン、出版編集、イベント企画などの職を経て、人の輪と、ものづくりが大好きになる。2016年のある日、突然脳内から思考の声が消え、意識の変容が起こる。以降、右脳中心の意識状態となり、直観や「つながり合う大きな無意識」からの情報を受け取って発信している。オンラインで脳と意識の自主研究活動を行う「三脳バランス研究所」所長。著書に『左脳さん、右脳さん。あなたにも体感できる意識変容の5ステップ』(ナチュラルスピリット)、『ネドじゅん式　意識変容　しあわせ右脳で悟リズム』(永岡書店)、『2か月で人生が変わる 右脳革命』(KADOKAWA)、『右脳シフトで人類は進化する』(ビオ・マガジン)などがある。

ネドじゅん公式ホームページ：https://nedojun.hp.peraichi.com
オンラインサロン 三脳バランス研究所タウン：
https://sannouken-salon.fants.jp

ジュリアン・シャムルワ　Julien Chameroy

1980年、フランスのブルゴーニュ地方、ディジョン市に生まれる。パリ第5大学で人類学修士および言語学修士。台湾の淡江大学外国語文学部でフランス語助教授を1年間つとめ、帰国後、パリ第3大学で教育科学博士。16歳でUFOを目撃して以来、謎の宇宙人との交流が始まり、何の予備知識もないままに繰り返しワンネスを体験。その現象を長年つぶさに観察した手記から『ワンネスの扉　心に魂のスペースを開くと宇宙がやってくる』(ナチュラルスピリット)が生まれる。現在はパリ在住。都会の中心に自然との絆を取り戻すことを目的に、コミュニティガーデンの活動に力を注ぐ。また、アメリカ人向けの旅行会社を経営する一方、ビジネススクールISMACでマネジメントとビジネス展開を教えている。日本語は14歳より独学を始め、留学生との交換学習などを通じて会話を習得。日本語能力試験1級、華語(台湾中国語)文能力測験B1取得。著書に『宇宙ジャーナル』、『波動の時代を生きる　ワンネスと宇宙意識』(はせくらみゆき氏との共著、徳間書店)、『はじめてのコンポスト実践ワークブック』(美貴子安西氏との共著)など。本文中でご紹介した「光のカード」の個別セッションにご興味がある方は、Julien Chameroy事務局までご連絡ください。

公式サイト：https://doorway-to-oneness.com
フェイスブック：https://fb.me/doorwaytooneness
インスタグラム：@ chameroyjulien
メール：info@doorway-to-oneness.com (日本語可) Julien Chameroy 事務局

ワンネスへの招待状

感謝と「いまここ」でワンネスの扉を開く

●

2025年4月30日　初版発行

著者／ネドじゅん、ジュリアン・シャムルワ

装幀／松岡史恵（ニジソラ）
イラスト／ネドじゅん
編集／嶋貫由理
DTP／株式会社エヌ・オフィス

発行者／今井博揮
発行所／株式会社 ナチュラルスピリット
〒101-0051 東京都千代田区神田神保町3-2 高橋ビル2階
TEL 03-6450-5938　FAX 03-6450-5978
info@naturalspirit.co.jp
https://www.naturalspirit.co.jp/

印刷所／モリモト印刷株式会社

ISBN978-4-86451-510-8 C0010